"어떤 문제에도 흔들리지 않는 상위
싶은 학생이라면 수학의 고수 를 추천합니다."

수학의 고수 추천 TALK!TALK!
고수는 고수를 알아보는 법!

아이들이 고난도 문제까지 차근차근 도달할 수 있도록 **단계별로 잘 구성한 교재**입니다. 다음에 배울 내용도 잘 정리되어 있어 **상위권 친구들에게 많은 도움**이 될 것 같습니다.

-이은희 선생님-

수학적 사고를 필요로 하는 문항들이 많아서 자연스럽게 수학 실력을 길러주는 강점을 가진 책이라 꼭 풀어보길 권하고 싶습니다.

- 권승미 선생님 -

심화 개념을 이해하기에 좋은 문제들로 **구성**되었고, 난이도가 균일한 방향성을 가지고 있어서 **고득점 대비**에 아주 좋았다는 느낌을 받았습니다.

- 양구근 선생님 -

뻔한 심화서가 아닙니다. 응용력은 물론이고 개념에서 심화까지 해결해 주는 고마운 심화서입니다.

- 윤인영 선생님 -

검토단 선생님

곽민수 선생님 (압구정휴브레인학원)
권승미 선생님 (한뜻학원)
권혁동 선생님 (청탑학원)
김경남 선생님 (케이엘학원)

김방래 선생님 (비전매쓰학원)
김수연 선생님 (개념폴리아학원)
김승현 선생님 (분당가인아카데미학원)
변경주 선생님 (수학의아침학원)

양구근 선생님 (매쓰피아학원)
윤인영 선생님 (브레인수학학원)
이경랑 선생님 (수학의아침학원)
이송이 선생님 (인재와고수학원)

이은희 선생님 (한솔학원)
이흥식 선생님 (흥샘학원)
조항석 선생님 (계광중학교)

자문단 선생님

[서울]
고희권 선생님 (교우학원)
권치영 선생님 (지오학원)
김기방 선생님 (일등수학학원)
김대주 선생님 (황선생영수학원)
김미애 선생님 (스카이맥에듀학원)
김영섭 선생님 (하이클래스학원)
김희성 선생님 (다솜학원)
박소영 선생님 (임페라토학원)
박혜경 선생님 (개념올플러스학원)
배미은 선생님 (문일중학교)
승영민 선생님 (청담클루빌학원)
이관형 선생님 (휴브레인학원)
이성애 선생님 (필즈학원)
이정녕 선생님 (펜타곤에듀케이션학원)
이효심 선생님 (뉴플러스학원)
임여옥 선생님 (명문연세학원)
임원정 선생님 (대현학원)
조세환 선생님 (이레학원)

[경기 · 인천]
강병덕 선생님 (청산학원)
강희표 선생님 (비원오길수학)
김동욱 선생님 (지성수학전문학원)
김명환 선생님 (김명환수학학원)
김상미 선생님 (김상미수학학원)
김선아 선생님 (하나학원)
김승호 선생님 (시흥 명품M학원)
김영희 선생님 (정석학원)
김은희 선생님 (제니스수학)
김인성 선생님 (우성학원)
김지영 선생님 (종로엠학원)
김태훈 선생님 (피타고라스학원)
문소영 선생님 (분석수학학원)
박성준 선생님 (아크로학원)

박수진 선생님 (소사왕수학학원)
박정근 선생님 (카이수학학원)
방은선 선생님 (이룸학원)
배철환 선생님 (매쓰블릭학원)
신금종 선생님 (다우학원)
신수림 선생님 (광명 SD명문학원)
이강민 선생님 (스토리수학학원)
이광수 선생님 (청학올림수학학원)
이광철 선생님 (블루수학학원)
이진숙 선생님 (휴먼이앤씨학원)
이채연 선생님 (다니엘학원)
이후정 선생님 (한보학원)
전용석 선생님 (연세학원)
정재도 선생님 (올림수학학원)
정재현 선생님 (마이다스학원)
정정용 선생님 (고대수학원)
조근장 선생님 (비전학원)
채수현 선생님 (밀턴수학학원)
최민희 선생님 (부천종로엠학원)
최우석 선생님 (블루밍영수학원)
하영석 선생님 (의치한학원)
한태섭 선생님 (선부 지캠프학원)
한효섭 선생님 (영웅아카데미학원)

[부산 · 대구 · 경상도]
강민정 선생님 (A+학원)
김득환 선생님 (세종학원)
김용백 선생님 (서울대가는수학학원)
김윤미 선생님 (진해 푸르넷학원)
김일용 선생님 (서전학원)
김태진 선생님 (한빛학원)
김한규 선생님 (수&수학원)
김홍식 선생님 (칸입시학원)
김황열 선생님 (유담학원)
박병무 선생님 (멘토학원)

박주흠 선생님 (술술학원)
서영덕 선생님 (탑앤탑영수학원)
서정아 선생님 (리더스주니어랩학원)
신호재 선생님 (시메쓰수학)
유명덕 선생님 (유일학원)
유희 선생님 (연세아카데미학원)
이상준 선생님 (조은학원)
이윤정 선생님 (성문학원)
이현상 선생님 (한성교육학원)
이현정 선생님 (공감수학학원)
이현주 선생님 (동은위더스학원)
이희경 선생님 (강수학학원)
전경민 선생님 (아이비츠학원)
전재후 선생님 (진스터디학원)
정재헌 선생님 (에디슨아카데미학원)
정진원 선생님 (명문서울학원)
정찬조 선생님 (교원학원)
조명성 선생님 (한샘학원)
차주현 선생님 (경대심화학원)
최학준 선생님 (특별한학원)
편주연 선생님 (피타고라스학원)
한희광 선생님 (성산학원)
허균정 선생님 (이화수학학원)
황하륜 선생님 (THE 쉬운수학학원)

[대전 · 충청도]
김근래 선생님 (정통학원)
김대두 선생님 (페르마학원)
문중식 선생님 (동그라미학원)
석진영 선생님 (탑시크리트학원)
송명준 선생님 (JNS학원)
신영선 선생님 (해머수학학원)
오현진 선생님 (청석학원)
우명식 선생님 (상상학원)
윤충섭 선생님 (최윤수학학원)

이정주 선생님 (베리타스수학학원)
이진형 선생님 (우림학원)
장전원 선생님 (김앤장영어수학학원)
차진경 선생님 (대현학원)
최현숙 선생님 (아임매쓰수학학원)

[광주 · 전라도]
김미진 선생님 (김미진수학학원)
김태성 선생님 (필즈학원)
김현지 선생님 (김현지 수학학원)
김환철 선생님 (김환철 수학학원)
나윤호 선생님 (진월 진선규학원)
노형규 선생님 (노형석 수학학원)
문형임 선생님 (서부 고려E수학학원)
박지연 선생님 (온탑학원)
박지영 선생님 (일곡 카이수학/과학학원)
방미령 선생님 (동천수수학원)
방수영 선생님 (스파르타 수학학원)
송신영 선생님 (반세영재학원)
신주영 선생님 (용봉 이름수학학원)
오성진 선생님 (오성진 수학스케치학원)
유미행 선생님 (왕일학원)
윤현식 선생님 (강남에듀학원)
이고은 선생님 (리엔수학학원)
이명래 선생님 (오른수학&이명래학원)
이은숙 선생님 (윤재석수학학원)
장인경 선생님 (장선생수학학원)
정은경 선생님 (일곡 정은수학학원)
정은성 선생님 (챔피언스쿨학원)
정인하 선생님 (메가메스수학학원)
정희철 선생님 (운암 천지학원)
지승룡 선생님 (임동 필즈학원)
최민경 선생님 (명재보습학원)
최현진 선생님 (백운세종학원)

초등 수학
4-2

수학의 고수

구성과 특징

"난 수학의 고수가 될 거야!"

수학의 고수 학습 전략

1 단원 대표 문제로 필수 개념 확인

2 유형, 실전, 최고 문제로 이어지는 3단계 집중 학습

3 새 교육과정에 맞춘 창의·융합 문제와 서술형 문제 구성

◇ 필수 개념 확인

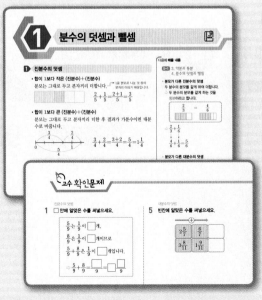

▶ **단원 개념 정리**
단원의 필수 개념을 한눈에 파악할 수 있습니다.

▶ **고수 확인문제**
단원 대표 문제로 필수 개념을 확인할 수 있습니다.

3단계 집중 학습

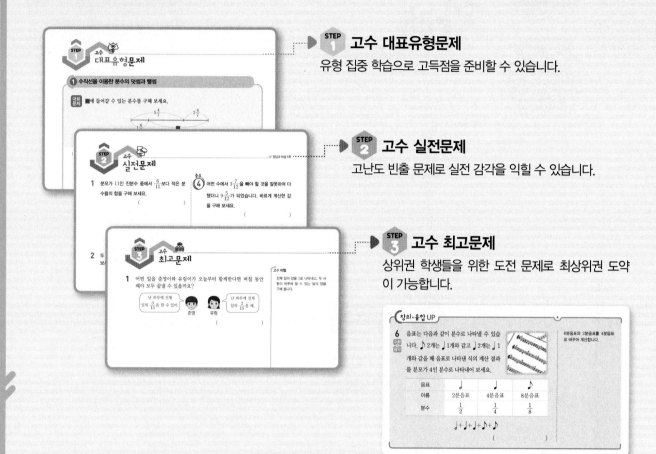

STEP 1 고수 대표유형문제
유형 집중 학습으로 고득점을 준비할 수 있습니다.

STEP 2 고수 실전문제
고난도 빈출 문제로 실전 감각을 익힐 수 있습니다.

STEP 3 고수 최고문제
상위권 학생들을 위한 도전 문제로 최상위권 도약
이 가능합니다.

단원 완벽 마무리

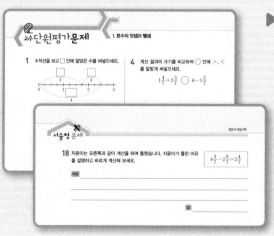

고수 단원평가문제
대표 심화 문제로 단원을 완벽하게 마무리합니다.

서술형 문제
다양한 서술형 문제로 의사소통 역량을 기를 수 있습니다.

완성

차례

1

분수의 덧셈과 뺄셈

분수의 덧셈과 뺄셈

1 진분수의 덧셈

• **합이 1보다 작은 (진분수)＋(진분수)**

분모는 그대로 두고 분자끼리 더합니다. → 1을 분모로 나눈 것 중의 몇끼리 더하기 때문입니다.

$$\frac{2}{5}+\frac{1}{5}=\frac{2+1}{5}=\frac{3}{5}$$

• **합이 1보다 큰 (진분수)＋(진분수)**

분모는 그대로 두고 분자끼리 더한 후 결과가 가분수이면 대분수로 바꿉니다.

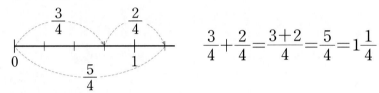

$$\frac{3}{4}+\frac{2}{4}=\frac{3+2}{4}=\frac{5}{4}=1\frac{1}{4}$$

2 대분수의 덧셈

• **받아올림이 없는 (대분수)＋(대분수)**

자연수 부분끼리 더하고, 진분수 부분끼리 더합니다.

$$1\frac{1}{3}+2\frac{1}{3}=(1+2)+\left(\frac{1}{3}+\frac{1}{3}\right)=3+\frac{2}{3}=3\frac{2}{3}$$

• **받아올림이 있는 (대분수)＋(대분수)**

방법 1 자연수 부분끼리 더하고, 진분수 부분끼리 더하여 진분수의 합이 가분수이면 대분수로 바꿉니다.

$$3\frac{5}{7}+1\frac{4}{7}=(3+1)+\left(\frac{5}{7}+\frac{4}{7}\right)$$
$$=4+\frac{9}{7}=4+1\frac{2}{7}=5\frac{2}{7}$$

방법 2 대분수를 모두 가분수로 바꾸어 계산합니다.

$$3\frac{5}{7}+1\frac{4}{7}=\frac{26}{7}+\frac{11}{7}=\frac{37}{7}=5\frac{2}{7}$$

참고 1은 분모와 분자가 같은 분수로 나타낼 수 있습니다.

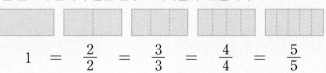

$$1 = \frac{2}{2} = \frac{3}{3} = \frac{4}{4} = \frac{5}{5}$$

다음에 배울 내용

5-1 3. 약분과 통분
4. 분수의 덧셈과 뺄셈

▶ **분모가 다른 진분수의 덧셈**

두 분수의 분모를 같게 하여 더합니다.

⇨ 두 분수의 분모를 같게 하는 것을 통분이라고 합니다.

$$\frac{2}{3} = \frac{4}{6}$$

⇨ $\frac{2}{3}+\frac{1}{6}$

$$\frac{4}{6}+\frac{1}{6}=\frac{5}{6}$$

▶ **분모가 다른 대분수의 덧셈**

방법 1 자연수는 자연수끼리, 분수는 분수끼리 통분하여 계산합니다.

$$1\frac{2}{3}+1\frac{1}{6}$$
$$=(1+1)+\left(\frac{2}{3}+\frac{1}{6}\right)$$
$$=2+\left(\frac{4}{6}+\frac{1}{6}\right)=2+\frac{5}{6}$$
$$=2\frac{5}{6}$$

방법 2 가분수로 바꾸어 통분하여 계산합니다.

$$1\frac{2}{3}+1\frac{1}{6}$$
$$=\frac{5}{3}+\frac{7}{6}=\frac{10}{6}+\frac{7}{6}$$
$$=\frac{17}{6}=2\frac{5}{6}$$

3 진분수의 뺄셈

- (진분수)－(진분수)

분모는 그대로 두고 분자끼리 뺍니다.

$$\frac{4}{5}-\frac{3}{5}=\frac{4-3}{5}=\frac{1}{5}$$

- 1－(진분수)

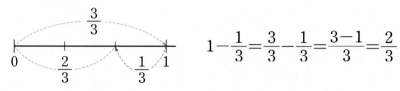

$$1-\frac{1}{3}=\frac{3}{3}-\frac{1}{3}=\frac{3-1}{3}=\frac{2}{3}$$

4 대분수의 뺄셈

- 받아내림이 없는 (대분수)－(대분수)

자연수 부분끼리 빼고, 진분수 부분끼리 뺍니다.

$$3\frac{3}{5}-1\frac{1}{5}=(3-1)+\left(\frac{3}{5}-\frac{1}{5}\right)=2+\frac{2}{5}=2\frac{2}{5}$$

- (자연수)－(대분수)

방법1 자연수에서 1만큼을 가분수로 바꾸어 자연수 부분끼리, 분수 부분끼리 뺍니다.

$$5-2\frac{5}{8}=4\frac{8}{8}-2\frac{5}{8}=(4-2)+\left(\frac{8}{8}-\frac{5}{8}\right)$$
$$=2+\frac{3}{8}=2\frac{3}{8}$$

방법2 자연수와 대분수를 모두 가분수로 바꾸어 계산합니다.

$$5-2\frac{5}{8}=\frac{40}{8}-\frac{21}{8}=\frac{19}{8}=2\frac{3}{8}$$

- 받아내림이 있는 (대분수)－(대분수)

방법1 빼어지는 분수에서 1만큼을 가분수로 바꾸어 자연수 부분끼리, 분수 부분끼리 뺍니다.

$$3\frac{2}{9}-1\frac{7}{9}=2\frac{11}{9}-1\frac{7}{9}=(2-1)+\left(\frac{11}{9}-\frac{7}{9}\right)$$
$$2\,|\,1\frac{2}{9}=2\,|\,\frac{11}{9}=2\frac{11}{9} \qquad =1+\frac{4}{9}=1\frac{4}{9}$$

방법2 두 대분수를 모두 가분수로 바꾸어 계산합니다.

$$3\frac{2}{9}-1\frac{7}{9}=\frac{29}{9}-\frac{16}{9}=\frac{13}{9}=1\frac{4}{9}$$

5-1 3. 약분과 통분
4. 분수의 덧셈과 뺄셈

▸ **분모가 다른 진분수의 뺄셈**

두 분수의 분모를 같게 하여 뺍니다.

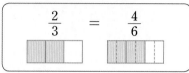

$$\frac{4}{6}-\frac{1}{6}=\frac{3}{6}$$

▸ **분모가 다른 대분수의 뺄셈**

방법1 자연수는 자연수끼리, 분수는 분수끼리 통분하여 계산합니다.

$$2\frac{2}{3}-1\frac{1}{6}$$
$$=(2-1)+\left(\frac{2}{3}-\frac{1}{6}\right)$$
$$=1+\left(\frac{4}{6}-\frac{1}{6}\right)$$
$$=1\frac{3}{6}$$

방법2 가분수로 바꾸어 통분하여 계산합니다.

$$2\frac{2}{3}-1\frac{1}{6}$$
$$=\frac{8}{3}-\frac{7}{6}=\frac{16}{6}-\frac{7}{6}$$
$$=\frac{9}{6}=1\frac{3}{6}$$

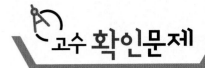

진분수의 덧셈

1 ☐ 안에 알맞은 수를 써넣으세요.

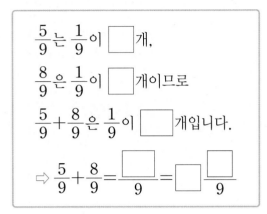

$\dfrac{5}{9}$는 $\dfrac{1}{9}$이 ☐ 개,

$\dfrac{8}{9}$은 $\dfrac{1}{9}$이 ☐ 개이므로

$\dfrac{5}{9}+\dfrac{8}{9}$은 $\dfrac{1}{9}$이 ☐ 개입니다.

⇨ $\dfrac{5}{9}+\dfrac{8}{9}=\dfrac{\boxed{}}{9}=\boxed{}\dfrac{\boxed{}}{9}$

진분수의 덧셈

2 계산해 보세요.

(1) $\dfrac{7}{13}+\dfrac{5}{13}$　　　(2) $\dfrac{6}{8}+\dfrac{3}{8}$

진분수의 덧셈

3 두 수의 합을 구해 보세요.

| $\dfrac{9}{12}$ | $\dfrac{8}{12}$ |

(　　　　　　)

진분수의 덧셈

4 $\dfrac{2}{5}$ L의 물이 들어 있는 수조에 $\dfrac{1}{5}$ L의 물을 부었습니다. 수조에 담긴 물은 모두 몇 L일까요?

(　　　　　　)

대분수의 덧셈

5 빈칸에 알맞은 수를 써넣으세요.

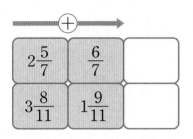

| $2\dfrac{5}{7}$ | $\dfrac{6}{7}$ | |
| $3\dfrac{8}{11}$ | $1\dfrac{9}{11}$ | |

대분수의 덧셈

6 계산 결과가 더 큰 사람은 누구일까요?

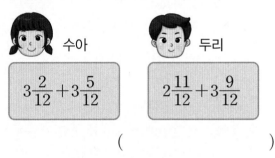

수아　　　　　두리

| $3\dfrac{2}{12}+3\dfrac{5}{12}$ | $2\dfrac{11}{12}+3\dfrac{9}{12}$ |

(　　　　　　)

대분수의 덧셈

7 길이가 $1\dfrac{1}{4}$ m인 끈과 $2\dfrac{2}{4}$ m인 끈을 겹치지 않게 이어 붙였습니다. 이어 붙인 끈의 전체 길이는 몇 m일까요?

(　　　　　　)

진분수의 뺄셈

8 수직선을 보고 □ 안에 알맞은 수를 써넣으세요.

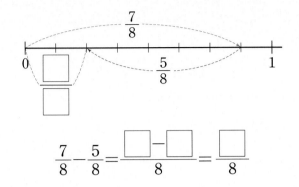

$$\frac{7}{8}-\frac{5}{8}=\frac{\boxed{}-\boxed{}}{8}=\frac{\boxed{}}{8}$$

진분수의 뺄셈

9 계산해 보세요.

(1) $\dfrac{8}{9}-\dfrac{4}{9}$ (2) $1-\dfrac{3}{10}$

대분수의 뺄셈

10 빈칸에 알맞은 수를 써넣으세요.

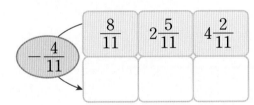

대분수의 뺄셈

11 가장 큰 수와 가장 작은 수의 차를 구해 보세요.

$$1\frac{7}{10} \quad 2\frac{3}{10} \quad 3\frac{4}{10} \quad 1\frac{9}{10}$$

(   )

대분수의 뺄셈

12 계산에서 잘못된 곳에 ○표 하고 바르게 계산해 보세요.

$$4-1\frac{3}{5}=3\frac{2}{5}$$

$$4-1\frac{3}{5}$$

대분수의 뺄셈

13 계산 결과가 가장 크도록 보기 에서 두 수를 골라 □ 안에 써넣고 차를 구해 보세요.

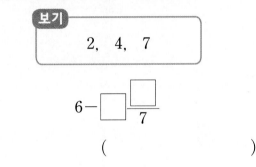

(   )

대분수의 뺄셈

14 우유 $2\frac{1}{6}$ L 중에서 민수가 $1\frac{2}{6}$ L를 마시고 남은 우유를 세영이가 모두 마셨습니다. 세영이가 마신 우유는 몇 L일까요?

(   )

STEP 1 고수 대표유형문제

1 수직선을 이용한 분수의 덧셈과 뺄셈

대표문제	■에 들어갈 수 있는 분수를 구해 보세요.

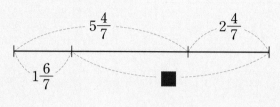

(   )

풀이		
[1단계] 수직선에서 관계 알아보기	$5\frac{4}{7}$와 $2\frac{4}{7}$의 합은 $1\frac{6}{7}$과 ■의 합과 (같습니다 , 다릅니다).	
[2단계] $5\frac{4}{7}$와 $2\frac{4}{7}$의 합 구하기	$5\frac{4}{7}$와 $2\frac{4}{7}$를 더하면 $5\frac{4}{7}+2\frac{4}{7}=7+\boxed{}=\boxed{}$ 입니다.	
[3단계] ■에 들어갈 수 있는 분수 구하기	$1\frac{6}{7}+$■$=\boxed{}$ 이므로 ■$=\boxed{}-1\frac{6}{7}=\boxed{}$ 입니다. 따라서 ■에 들어갈 수 있는 분수는 $\boxed{}$ 입니다.	

유제 1 □ 안에 알맞은 분수를 써넣으세요.

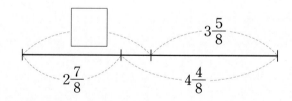

유제 2 ㉠에 알맞은 분수를 구해 보세요.

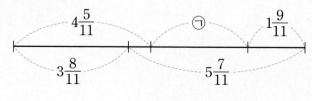

(   )

2 계산 결과 어림하기

 대표문제 어림한 결과가 4와 5 사이인 덧셈식을 모두 찾아 기호를 써 보세요.

$$ ㉠\ 2\frac{3}{7}+1\frac{1}{7} \qquad ㉡\ 1\frac{3}{5}+3\frac{4}{5} \qquad ㉢\ \frac{11}{4}+\frac{6}{4} \qquad ㉣\ 2\frac{5}{9}+1\frac{6}{9} $$

( )

풀이		
[1단계] ㉠, ㉡, ㉢, ㉣의 결과 어림하기	자연수 부분과 분수 부분의 합을 각각 구하여 결과를 어림해 봅니다.	
	• ㉠은 3과 $\frac{4}{7}$이므로 어림한 결과는 3과 ☐ 사이입니다.	
	• ㉡은 4와 ☐ 이므로 어림한 결과는 ☐ 와 ☐ 사이입니다.	
	• ㉢은 ☐ 이므로 어림한 결과는 ☐ 와 ☐ 사이입니다.	
	• ㉣은 3과 ☐ 이므로 어림한 결과는 ☐ 와 ☐ 사이입니다.	
[2단계] 어림한 결과가 4와 5 사이인 덧셈식 찾기	따라서 어림한 결과가 4와 5 사이인 덧셈식은 ☐ , ☐ 입니다.	

유제 3 어림한 결과가 3과 4 사이인 뺄셈식을 모두 찾아 기호를 써 보세요.

$$ ㉠\ 6-2\frac{1}{5} \qquad ㉡\ 8-3\frac{2}{9} \qquad ㉢\ 5-2\frac{5}{7} \qquad ㉣\ 9-5\frac{4}{6} $$

( )

유제 4 어림한 결과가 1과 2 사이인 뺄셈식에 ○표 하세요.

$3\frac{1}{3}-2\frac{2}{3}$	$\frac{26}{8}-\frac{9}{8}$	$4\frac{3}{7}-2\frac{5}{7}$

3 분수의 뺄셈의 활용

대표문제 물이 $4\frac{3}{5}$ L 들어 있는 양동이에서 들이가 $2\frac{1}{5}$ L인 그릇으로 물을 가득 담아 덜어 낼 때 몇 번까지 덜어 낼 수 있고, 남는 물은 몇 L일까요?

(   ), (   )

| 풀이 |

[1단계] 한 번 덜어 내고 남은 물의 양 구하기	양동이에서 물을 한 번 덜어 내면 $4\frac{3}{5}-2\frac{1}{5}=$ ☐ (L)가 남습니다.
[2단계] 두 번 덜어 내고 남은 물의 양 구하기	양동이에서 물을 한 번 더 덜어 내면 ☐$-2\frac{1}{5}=$ ☐ (L)가 남습니다.
[3단계] 덜어 낸 횟수와 남는 물의 양 구하기	남은 물에서 더 덜어 낼 수 없으므로 물은 ☐ 번까지 덜어 낼 수 있고, 남는 물은 ☐ L입니다.

유제 5 딸기가 $3\frac{6}{7}$ kg 있습니다. 주스 한 병을 만드는 데 딸기가 $1\frac{1}{7}$ kg 필요합니다. 만들 수 있는 주스는 몇 병이고, 남는 딸기는 몇 kg일까요?

주스 (   ), 남는 딸기 (   )

유제 6 밀가루가 $4\frac{5}{8}$ kg 있습니다. 빵 한 개를 만드는 데 밀가루가 $1\frac{3}{8}$ kg 필요합니다. 밀가루를 남김없이 사용하여 빵을 만들려면 밀가루는 적어도 몇 kg이 더 필요할까요?

(   )

4 수 카드로 분수의 덧셈식, 뺄셈식 만들기

대표문제 수 카드를 한 번씩 모두 사용하여 차가 가장 크게 되는 두 대분수의 뺄셈식을 만들고 계산해 보세요. (단, 두 대분수의 분모는 같습니다.)

| 9 | 4 | 14 | 11 | 14 | 2 |

(   )

풀이		
[1단계] 분수의 조건 알아보기	두 분수의 분모가 같으므로 분모가 될 수 있는 수는 □ 입니다. 차가 가장 크려면 가장 (큰 , 작은) 대분수에서 가장 (큰 , 작은) 대분수를 빼야 합니다.
[2단계] 가장 큰 대분수와 가장 작은 대분수 만들기	분모에 사용하고 남은 수 카드 중 • 가장 큰 대분수 [자연수에 가장 큰 수 / 분자에 두 번째로 큰 수] ⇨ □ • 가장 작은 대분수 [자연수에 가장 작은 수 / 분자에 두 번째로 작은 수] ⇨ □
[3단계] 만든 두 대분수의 뺄셈식 계산하기	따라서 차가 가장 크게 되는 두 대분수의 뺄셈식은 □ − □ = □ 입니다.

유제 7 수 카드를 한 번씩 모두 사용하여 합이 가장 크게 되는 두 대분수의 덧셈식을 만들고 계산해 보세요. (단, 두 대분수의 분모는 같습니다.)

| 8 | 3 | 5 | 9 | 11 | 11 |

(   )

5 □ 안에 들어갈 수 있는 수 구하기

대표문제 ■에 들어갈 수 있는 수들의 합을 구해 보세요.

$$11\frac{1}{9}-6\frac{7}{9}>■\frac{5}{9}$$

(   )

풀이		
[1단계] 뺄셈식 계산하기	뺄셈식을 계산하면 $11\frac{1}{9}-6\frac{7}{9}=\boxed{}-6\frac{7}{9}=\boxed{}$ 입니다.	
[2단계] ■에 들어갈 수 있는 수 구하기	$11\frac{1}{9}-6\frac{7}{9}>■\frac{5}{9}$, $\boxed{}>■\frac{5}{9}$ 이므로 ■에 들어갈 수 있는 수는 $\boxed{}$, $\boxed{}$, $\boxed{}$ 입니다.	
[3단계] ■에 들어갈 수 있는 수들의 합 구하기	따라서 ■에 들어갈 수 있는 수들의 합은 $\boxed{}$ 입니다.	

유제 8 10보다 작은 수 중에서 □ 안에 들어갈 수 있는 가장 큰 수와 가장 작은 수의 차를 구해 보세요.

$$1\frac{4}{5}+3\frac{4}{5}<□\frac{2}{5}$$

(   )

유제 9 □ 안에 들어갈 수 있는 수를 모두 구해 보세요. (단, $2\frac{\square}{7}$ 는 대분수입니다.)

$$6\frac{3}{7}-2\frac{\square}{7}<3\frac{6}{7}$$

(   )

6 조건에 알맞은 분수 구하기

대표문제 다음 조건에 알맞은 두 분수를 모두 구해 보세요.

> **조건**
> • 분모가 8인 진분수입니다.
> • 합이 $\dfrac{7}{8}$이고 차가 $\dfrac{3}{8}$입니다.

(   )

풀이		
[1단계] 분자를 ㉠, ㉡으로 하여 분수의 합과 차 표현하기	두 진분수를 $\dfrac{㉠}{8}$, $\dfrac{㉡}{8}$(㉠>㉡)이라 하면 $\dfrac{㉠}{8}+\dfrac{㉡}{8}=\dfrac{㉠+㉡}{8}=\dfrac{\Box}{8}$, $\dfrac{㉠}{8}-\dfrac{㉡}{8}=\dfrac{㉠-㉡}{8}=\dfrac{\Box}{8}$입니다.	
[2단계] 합과 차의 조건에 맞는 분자 구하기	㉠+㉡=$\Box$, ㉠-㉡=$\Box$ 합이 7인 두 수 중 차가 3인 두 수는 $\Box$, $\Box$이므로 ㉠=$\Box$, ㉡=$\Box$입니다.	
[3단계] 조건에 알맞은 두 분수 구하기	따라서 조건에 알맞은 두 진분수는 $\Box$, $\Box$입니다.	

유제 10 다음 조건에 알맞은 두 분수를 모두 구해 보세요.

> **조건**
> • 분모가 5인 가분수입니다.
> • 합이 $\dfrac{16}{5}$이고 차가 $\dfrac{2}{5}$입니다.

(   )

유제 11 분모가 6인 두 가분수의 합이 $2\dfrac{4}{6}$인 덧셈식을 3개 써 보세요.

(단, 더하는 순서가 바뀐 덧셈식은 같은 덧셈식으로 생각합니다.)

(   )

7 이어 붙인 색 테이프의 전체 길이 구하기

대표문제 길이가 12 cm인 색 테이프 4장을 $1\frac{3}{7}$ cm씩 겹쳐서 한 줄로 이어 붙였습니다. 색 테이프를 이어 붙인 전체 길이는 몇 cm일까요?

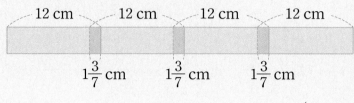

(　　　　　　　　)

풀이		
[1단계] 색 테이프 4장의 길이의 합 구하기	색 테이프 4장의 길이의 합은 $12 \times 4 =$ ☐ (cm)입니다.	
[2단계] 겹쳐진 부분의 길이의 합 구하기	색 테이프 4장을 이어 붙이면 겹쳐진 부분은 ☐ 군데이므로 겹쳐진 부분의 길이의 합은 $1\frac{3}{7}+1\frac{3}{7}+1\frac{3}{7}=$ ☐ (cm)입니다.	
[3단계] 색 테이프를 이어 붙인 전체 길이 구하기	따라서 색 테이프를 이어 붙인 전체 길이는 ☐ $-$ ☐ $=$ ☐ (cm)입니다.	

유제 12 길이가 $9\frac{5}{9}$ cm, $8\frac{4}{9}$ cm, $12\frac{2}{9}$ cm인 색 테이프를 $\frac{8}{9}$ cm씩 겹쳐서 한 줄로 이어 붙였습니다. 색 테이프를 이어 붙인 전체 길이는 몇 cm일까요?

(　　　　　　　　)

유제 13 길이가 $7\frac{6}{11}$ cm인 색 테이프 4장을 같은 길이만큼씩 겹쳐서 한 줄로 이어 붙였더니 전체 길이가 $29\frac{1}{11}$ cm가 되었습니다. 몇 cm씩 겹쳐서 이어 붙였을까요?

(　　　　　　　　)

STEP 2 · 고수 실전문제

1 분모가 11인 진분수 중에서 $\dfrac{6}{11}$보다 작은 분수들의 합을 구해 보세요.

( )

2 두 분수의 합이 3일 때 ㉠에 알맞은 수를 구해 보세요.

| $\dfrac{5}{6}$ | $\dfrac{㉠}{6}$ |

( )

3 길이가 $5\dfrac{3}{8}$ m인 철사를 모두 사용하여 한 변이 $\dfrac{7}{8}$ m인 정사각형을 만들었습니다. 남은 철사의 길이는 몇 m일까요?

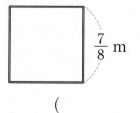

$\dfrac{7}{8}$ m

( )

중요 ④ 어떤 수에서 $3\dfrac{7}{12}$을 빼야 할 것을 잘못하여 더했더니 $9\dfrac{5}{12}$가 되었습니다. 바르게 계산한 값을 구해 보세요.

( )

5 똑같은 공 2개의 무게가 $2\dfrac{6}{7}$ kg입니다. 이 공 5개의 무게는 몇 kg일까요?

$2\dfrac{6}{7}$ kg

( )

6 ㉡에서 ㉢까지의 길이는 몇 cm일까요?

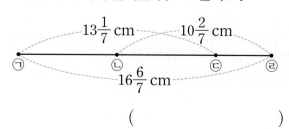

$13\dfrac{1}{7}$ cm $10\dfrac{2}{7}$ cm

㉠ ㉡ ㉢ ㉣

$16\dfrac{6}{7}$ cm

( )

7 기호 ⊙를 다음과 같이 약속할 때, $8\frac{5}{17}$ ⊙ $\frac{12}{17}$ 의 값을 구해 보세요.

$$★ ⊙ ■ = ★ - ■ - ■$$

( )

8 두리는 단축 마라톤 대회에 참가했습니다. 두리는 출발점에서 출발하여 $1\frac{3}{4}$ km를 달렸고, 반환점을 돌아 출발점으로 되돌아와야 합니다. 두리가 앞으로 더 달려야 하는 거리는 몇 km일까요?

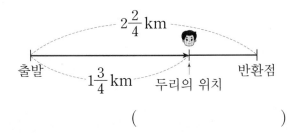

( )

중요
9 □ 안에 들어갈 수 있는 수는 모두 몇 개일까요?

$$\frac{14}{9} < 8\frac{4}{9} - 6\frac{\square}{9} < 2\frac{2}{9}$$

( )

10 5 kg까지 물건을 담을 수 있는 가방이 있습니다. 이 가방에 $1\frac{3}{8}$ kg짜리 물건과 $1\frac{6}{8}$ kg짜리 물건이 담겨 있습니다. 하늘이는 다음 중 한 가지 물건을 가방에 더 담으려고 합니다. 담을 수 없는 물건을 모두 찾아 써 보세요.

옷	신발	책	블록
$\frac{7}{8}$ kg	$\frac{17}{8}$ kg	$1\frac{5}{8}$ kg	$2\frac{3}{8}$ kg

( )

11 리본이 $10\frac{1}{12}$ m있습니다. 꽃 1개를 만드는 데 리본이 $4\frac{5}{12}$ m 필요하다면 만들 수 있는 꽃은 몇 개이고, 남는 리본은 몇 m일까요?

( ), ( )

12 대분수로만 만들어진 뺄셈식에서 ㉮＋㉯가 가장 작을 때의 값을 구해 보세요.

$$5\frac{㉮}{5} - 3\frac{㉯}{5} = 1\frac{4}{5}$$

( )

중요

13 5장의 카드 중에서 2장을 뽑아 계산한 결과가 4에 가장 가까운 덧셈식과 뺄셈식을 각각 만들어 보세요.

$$1\frac{1}{8} \quad 2\frac{3}{8} \quad 3\frac{5}{8} \quad 4\frac{7}{8} \quad 6$$

덧셈식 (   )

뺄셈식 (   )

14 길이가 $20\frac{2}{4}$ cm인 양초가 있습니다. 이 양초는 20분에 $1\frac{3}{4}$ cm씩 일정한 빠르기로 탄다고 합니다. 양초에 불을 붙이고 한 시간 후 양초의 길이는 몇 cm가 될까요?

(   )

15 물이 가 그릇에는 $8\frac{3}{9}$ L 들어 있고, 나 그릇에는 $2\frac{5}{9}$ L 들어 있습니다. 두 그릇에 들어 있는 물의 양이 같아지려면 가 그릇에서 나 그릇으로 몇 L만큼 옮겨야 할까요?

(   )

16 주스가 한 병 있습니다. 혜리가 전체의 $\frac{5}{13}$만큼, 동생이 전체의 $\frac{3}{13}$만큼 마셨습니다. 남은 주스가 100 mL라면 주스 한 병은 몇 mL일까요?

(   )

17 수조에 물이 $11\frac{6}{9}$ L 들어 있습니다. 수조에 있는 물 전체의 $\frac{1}{5}$만큼을 사용하고 $4\frac{7}{9}$ L를 더 부었다면 수조에 있는 물의 양은 몇 L일까요? (단, 넘친 물은 없습니다.)

(   )

18 유정, 민수, 현빈이가 키를 재었습니다. 유정이와 민수의 키의 합은 $3\frac{4}{19}$ m, 민수와 현빈이의 키의 합은 $3\frac{2}{19}$ m, 현빈이와 유정이의 키의 합은 $3\frac{7}{19}$ m입니다. 세 사람의 키의 합은 몇 m일까요?

(   )

1 어떤 일을 준영이와 유림이가 오늘부터 함께한다면 며칠 동안 해야 모두 끝낼 수 있을까요?

난 하루에 전체 일의 $\frac{3}{15}$ 을 할 수 있어.

준영   유림

난 하루에 전체 일의 $\frac{2}{15}$ 를 해.

(   )

전체 일의 양을 1로 나타내고, 두 사람이 하루에 할 수 있는 일의 양을 구해 봅니다.

2 어느 날 낮의 길이는 $10\frac{45}{60}$ 시간이었습니다. 이날 밤의 길이는 낮의 길이보다 몇 시간 몇 분 더 길까요?

(   )

하루는 24시간입니다.

3 길이가 $7\frac{5}{14}$ m인 막대로 연못의 깊이를 재었습니다. 막대를 연못의 바닥까지 넣었다가 꺼낸 후 다시 반대로 바닥까지 넣었다가 꺼낸 다음 막대에서 물에 젖지 않은 부분의 길이를 재었더니 $1\frac{9}{14}$ m였습니다. 연못의 깊이는 몇 m일까요? (단, 연못 바닥은 평평하고, 막대는 바닥과 직각이 되도록 넣습니다.)

(   )

막대의 젖은 부분의 길이는 연못 깊이의 2배입니다.

경시 문제 맛보기

4 무게가 똑같은 공 6개가 들어 있는 상자의 무게는 5 kg입니다. 공 2개를 꺼낸 후 재었을 때의 무게가 $3\frac{4}{10}$ kg이었다면 공 1개를 넣은 상자의 무게는 몇 kg일까요?

( )

> **고수 비법**
> 공 2개의 무게를 알아보고 공 1개의 무게를 먼저 구합니다.

경시 문제 맛보기

5 한 원 안에 있는 네 분수의 합은 모두 같습니다. ㉠, ㉡에 알맞은 분수를 구해 보세요.

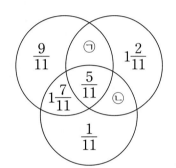

㉠ ( )
㉡ ( )

> 두 원이 겹쳐진 부분에 있는 분수는 양쪽에 모두 속하므로 나머지 분수들의 합이 같아져야 함을 이용합니다.

 창의·융합 UP

6 음표는 다음과 같이 분수로 나타낼 수 있습니다. ♪ 2개는 ♩ 1개와 같고 ♩ 2개는 ♩ 1개와 같을 때 음표로 나타낸 식의 계산 결과를 분모가 4인 분수로 나타내어 보세요.

수학+음악

> 8분음표와 2분음표를 4분음표로 바꾸어 계산합니다.

음표	♩	♩	♪
이름	2분음표	4분음표	8분음표
분수	$\frac{1}{2}$	$\frac{1}{4}$	$\frac{1}{8}$

♩ + ♩ + ♩ + ♪ + ♪

( )

1 수직선을 보고 □ 안에 알맞은 수를 써넣으세요.

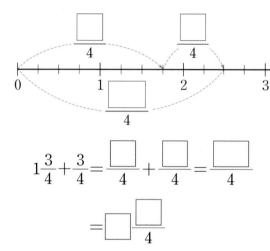

$$1\frac{3}{4}+\frac{3}{4}=\frac{\boxed{}}{4}+\frac{\boxed{}}{4}=\frac{\boxed{}}{4}$$

$$=\boxed{}\frac{\boxed{}}{4}$$

2 빈칸에 알맞은 분수를 써넣으세요.

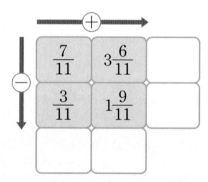

3 □ 안에 알맞은 대분수를 써넣으세요.

$$\boxed{}+2\frac{11}{13}=5\frac{2}{13}$$

4 계산 결과의 크기를 비교하여 ◯ 안에 >, < 를 알맞게 써넣으세요.

$$1\frac{4}{7}+2\frac{5}{7}\ \bigcirc\ 6-1\frac{2}{7}$$

5 아래의 두 분수의 합을 위의 빈칸에 써넣으세요.

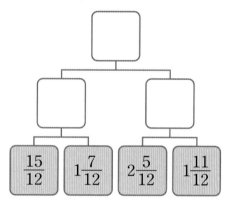

중요
6 들이가 $\frac{5}{8}$ L인 물병이 있습니다. 이 물병에 물을 가득 담아 그릇에 3번 부었더니 가득 찼습니다. 그릇의 들이는 몇 L일까요?

(   )

7 어림한 결과가 2와 3 사이인 뺄셈식을 모두 찾아 기호를 써 보세요.

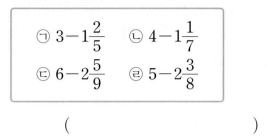

$$\bigcirc \ 3-1\frac{2}{5} \qquad \bigcirc \ 4-1\frac{1}{7}$$
$$\bigcirc \ 6-2\frac{5}{9} \qquad \bigcirc \ 5-2\frac{3}{8}$$

(   )

8 그림과 같은 삼각형의 세 변의 길이의 합은 몇 cm일까요?

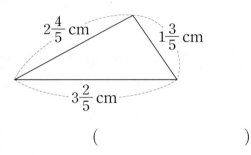

$2\frac{4}{5}$ cm $1\frac{3}{5}$ cm

$3\frac{2}{5}$ cm

(   )

9 사과와 배가 들어 있는 과일 바구니의 무게는 5 kg입니다. 이 바구니에서 무게가 $\frac{5}{7}$ kg인 사과 1개를 빼고 무게가 $1\frac{4}{7}$ kg인 멜론 1개를 넣었습니다. 과일 바구니의 무게는 몇 kg일까요?

(   )

10 계산 결과가 가장 작아지도록 보기 에서 두 수를 골라 □ 안에 써넣고 차를 구해 보세요.

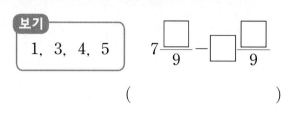

보기
1, 3, 4, 5

$7\frac{\square}{9} - \square\frac{\square}{9}$

(   )

중요
11 □ 안에 들어갈 수 있는 수는 모두 몇 개일까요?

$$9\frac{\square}{12} - 4\frac{7}{12} < 4\frac{11}{12}$$

(   )

창의·융합 수학＋과학
12 냉장고, 텔레비전 등의 전기 기구를 사용할 때 전기 에너지를 얼마나 소비하는지를 나타내는 것을 전력이라 하고 전력의 단위로는 kW(킬로와트)를 씁니다. 가 세탁기와 나 세탁기를 한 번씩 작동할 때 소비되는 전력은 가 세탁기는 $\frac{5}{8}$ kW, 나 세탁기는 $\frac{3}{8}$ kW입니다. 가 세탁기를 2번, 나 세탁기를 3번 작동했을 때 소비한 전력은 모두 몇 kW일까요?

(   )

13 합이 $8\frac{1}{6}$이고 차가 $\frac{5}{6}$인 두 대분수를 구해 보세요. (단, 두 대분수의 분모는 모두 6입니다.)

(   )

14 일정한 수만큼 커지는 규칙에 따라 뛰어서 센 것입니다. ㉠에 알맞은 분수를 구해 보세요.

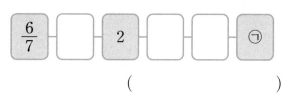

(   )

15 6장의 수 카드를 모두 한 번씩 사용하여 차가 가장 작게 되는 두 대분수의 뺄셈식을 만들고 계산해 보세요. (단, 두 대분수의 분모는 같습니다.)

$$\boxed{8} \quad \boxed{3} \quad \boxed{5} \quad \boxed{8} \quad \boxed{7} \quad \boxed{2}$$

(   )

16 주스가 가득 들어 있는 병의 무게는 $3\,\mathrm{kg}$입니다. 주스를 전체의 $\frac{4}{7}$만큼 마시고 무게를 재었더니 $1\frac{14}{17}\,\mathrm{kg}$이 되었습니다. 빈 병의 무게는 몇 kg일까요?

(   )

17 똑같은 2개의 통에 같은 양만큼 빨간색 페인트와 파란색 페인트가 각각 들어 있습니다. 길이가 $50\frac{5}{11}\,\mathrm{cm}$인 막대를 빨간색 페인트통의 바닥까지 곧게 넣었다가 꺼낸 후 다시 반대로 파란색 페인트통의 바닥까지 곧게 넣었다가 꺼내었더니 두 가지 색의 페인트가 모두 묻은 부분의 길이는 $13\frac{8}{11}\,\mathrm{cm}$였습니다. 통에 페인트가 담긴 깊이는 몇 cm일까요?

(   )

서술형 문제

18 지윤이는 오른쪽과 같이 계산을 하여 틀렸습니다. 지윤이가 틀린 이유
를 설명하고 바르게 계산해 보세요.

$$4\frac{3}{7}-2\frac{6}{7}=2\frac{4}{7}$$

이유 _____

_____

_____

답 _____

19 어떤 수에서 $2\frac{5}{8}$를 빼야 할 것을 잘못하여 자연수 부분과 분자를 바꾸어 뺐더니 $1\frac{7}{8}$이 되었습니
다. 바르게 계산한 값은 얼마인지 풀이 과정을 쓰고 답을 구해 보세요.

풀이 _____

_____

_____

답 _____

20 길이가 $6\frac{3}{5}$ m인 색 테이프를 한 도막이 $1\frac{2}{5}$ m가 되도록 자르려고 합니다. 색 테이프는 모두 몇
도막까지 자를 수 있고, 남는 색 테이프는 몇 m인지 풀이 과정을 쓰고 답을 구해 보세요.

풀이 _____

_____

_____

_____

답 _____ , _____

서술형 문제

21 주사위 3개를 동시에 던져서 나온 세 눈의 수로 대분수를 만들려고 합니다. 만들 수 있는 대분수 중에서 자연수 부분이 1이고 분모가 5인 분수들의 합은 얼마인지 풀이 과정을 쓰고 답을 구해 보세요.

풀이

답

22 분모가 같은 서로 다른 세 진분수를 더했더니 합이 $1\dfrac{2}{9}$가 되었습니다. 서로 다른 세 진분수는 모두 몇 가지인지 풀이 과정을 쓰고 답을 구해 보세요.

풀이

답

2

삼각형

2 삼각형

1 변의 길이에 따라 삼각형 분류하기

- **이등변삼각형**

  (1) 이등변삼각형: 두 변의 길이가 같은 삼각형

  (2) 이등변삼각형의 성질

    ┌ 두 변의 길이가 같습니다.
    └ 두 각의 크기가 같습니다.

- **정삼각형**

  (1) 정삼각형: 세 변의 길이가 같은 삼각형

  (2) 정삼각형의 성질

    ┌ 세 변의 길이가 같습니다.
    └ 세 각의 크기가 같습니다.

  참고 정삼각형은 세 변의 길이와 세 각의 크기가 같으므로 이등변삼각형이라
  고 할 수 있지만 이등변삼각형은 정삼각형이라고 할 수 없습니다.

2 각의 크기에 따라 삼각형 분류하기

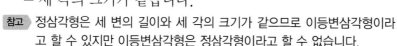

예각삼각형	직각삼각형	둔각삼각형
세 각이 모두 예각인 삼각형	한 각이 직각인 삼각형	한 각이 둔각인 삼각형
→ 예각 3개	→ 직각 1개, 예각 2개	→ 둔각 1개, 예각 2개

3 삼각형을 두 가지 기준으로 분류하기

길이＼각	예각삼각형	직각삼각형	둔각삼각형
이등변삼각형			
정삼각형			
세 변의 길이가 모두 다른 삼각형			

다음에 배울 내용

4-2 4. 사각형

▶ **수직과 수선**

두 직선이 만나서 이루는 각이 직각일 때, 두 직선은 서로 수직이라고 합니다. 또 두 직선이 서로 수직으로 만나면 한 직선을 다른 직선에 대한 수선이라고 합니다.

▶ **평행과 평행선**

한 직선에 수직인 두 직선을 그었을 때, 그 두 직선은 서로 만나지 않습니다. 이와 같이 서로 만나지 않는 두 직선을 평행하다고 합니다.

이때 평행한 두 직선을 평행선이라고 합니다.

▶ **사다리꼴, 평행사변형, 마름모 알아보기**

- 사다리꼴: 평행한 변이 한 쌍이라도 있는 사각형

- 평행사변형: 마주 보는 두 쌍의 변이 서로 평행한 사각형

- 마름모: 네 변의 길이가 모두 같은 사각형

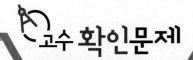

변의 길이에 따라 삼각형 분류하기

1 이등변삼각형입니다. ☐ 안에 알맞은 수를 써 넣으세요.

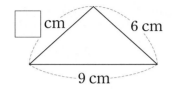

변의 길이에 따라 삼각형 분류하기

2 삼각형 ㄱㄴㄷ은 이등변삼각형입니다. 각 ㄱㄴㄷ의 크기를 구해 보세요.

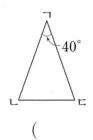

(   )

변의 길이에 따라 삼각형 분류하기

3 정삼각형의 세 변의 길이의 합은 몇 cm일까요?

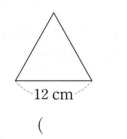

(   )

각의 크기에 따라 삼각형 분류하기

4 삼각형의 세 각의 크기입니다. 예각삼각형이 아닌 것을 찾아 기호를 써 보세요.

> ㉠ 60°, 40°, 80°
> ㉡ 25°, 85°, 70°
> ㉢ 95°, 20°, 65°

(   )

각의 크기에 따라 삼각형 분류하기

5 점 종이에서 삼각형 ㄱㄴㄷ의 점 ㄱ을 옮겨서 예각삼각형을 만들려고 합니다. 어느 점으로 옮겨야 할까요?

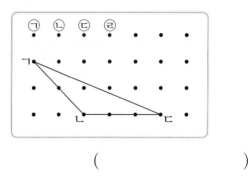

(   )

삼각형을 두 가지 기준으로 분류하기

6 그림에서 이등변삼각형이면서 예각삼각형인 삼각형은 몇 개일까요?

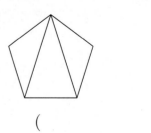

(   )

1 변의 길이 구하기

| 대표문제 | 오른쪽 이등변삼각형 ㄱㄴㄷ의 세 변의 길이의 합은 35 cm입니다. 변 ㄴㄷ의 길이는 몇 cm일까요? |

11 cm

(   )

| 풀이 |

[1단계] 변 ㄱㄷ의 길이 구하기	이등변삼각형은 두 변의 길이가 같으므로 (변 ㄱㄷ)=(변 ㄱㄴ)= ⬜ cm입니다.
[2단계] 변 ㄴㄷ의 길이 구하기	이등변삼각형의 세 변의 길이의 합이 35 cm이므로 변 ㄴㄷ의 길이는 35− ⬜ − ⬜ = ⬜ (cm)입니다.

유제 1 오른쪽 이등변삼각형 ㄱㄴㄷ의 세 변의 길이의 합은 40 cm입니다. 변 ㄱㄴ의 길이는 몇 cm일까요?

(   )

8 cm

유제 2 오른쪽 이등변삼각형의 세 변의 길이의 합은 한 변의 길이가 17 cm인 정삼각형의 세 변의 길이의 합과 같습니다. 변 ㄴㄷ의 길이는 몇 cm일까요?

16 cm

(   )

② 도형의 둘레 구하기

 대표 문제 크기가 같은 정삼각형 5개를 겹치지 않게 이어 붙여서 만든 도형입니다. 정삼각형 의 한 변의 길이가 13 cm일 때 빨간색 선의 길이는 몇 cm일까요?

( )

풀이		
[1단계] 빨간색 선의 길이와 정삼각형의 한 변의 길이의 관계 알기	빨간색 선의 길이는 정삼각형의 한 변의 길이의 ☐ 배와 같습니다.	
[2단계] 빨간색 선의 길이 구하기	정삼각형의 한 변의 길이는 ☐ cm이므로 빨간색 선의 길이는 ☐ × ☐ = ☐ (cm)입니다.	

유제 3 오른쪽 도형은 크기가 같은 정삼각형 6개를 겹치지 않게 이어 붙여서 만든 것입니다. 정삼각형의 한 변의 길이가 7 cm일 때 초록색 선의 길이는 몇 cm일까요?

( )

Up
유제 4 오른쪽 도형은 크기가 같은 정삼각형 8개를 겹치지 않게 이어 붙여서 만든 것입니다. 보라색 선의 길이가 72 cm일 때 정삼각형의 세 변의 길이의 합은 몇 cm일까요?

( )

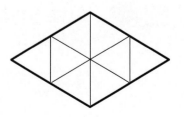

3 각의 크기 구하기

대표문제 오른쪽 삼각형 ㄱㄴㄷ은 이등변삼각형입니다. 각 ㄴㄱㄷ의 크기를 구해 보세요.

(   )

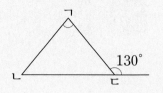

풀이		
[1단계] 각 ㄱㄷㄴ의 크기 구하기	직선을 이루는 각의 크기는 180°이므로 각 ㄱㄷㄴ의 크기는 180° − ☐ ° = ☐ °입니다.	
[2단계] 각 ㄱㄴㄷ의 크기 구하기	(변 ㄱㄴ)=(변 ☐)이고, 이등변삼각형은 두 각의 크기가 같으므로 (각 ㄱㄴㄷ)=(각 ☐)= ☐ °입니다.	
[3단계] 각 ㄴㄱㄷ의 크기 구하기	삼각형의 세 각의 크기의 합은 180°이므로 각 ㄴㄱㄷ의 크기는 180° − ☐ ° − ☐ ° = ☐ °입니다.	

유제 5 오른쪽 삼각형 ㄱㄴㄷ은 이등변삼각형입니다. 각 ㄴㄱㄷ의 크기를 구해 보세요.

(   )

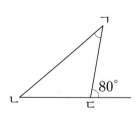

유제 6 오른쪽 삼각형 ㄱㄴㄷ은 이등변삼각형입니다. 각 ㄴㄷㄹ의 크기를 구해 보세요.

(   )

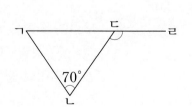

4 삼각형 분류하기

 대표문제 삼각형의 일부가 지워졌습니다. 어떤 삼각형인지 두 가지로 써 보세요.

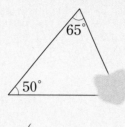

(   ), (   )

풀이		
[1단계] 나머지 한 각의 크기 구하기	삼각형의 세 각의 크기의 합은 180°이므로 나머지 한 각의 크기는 $180° - 65° - 50° = \boxed{}$ °입니다.	
[2단계] 각의 크기에 따라 분류하기	세 각의 크기가 65°, 50°, $\boxed{}$ °이므로 모두 (예각, 직각, 둔각)입니다. 따라서 $\boxed{}$ 삼각형입니다.	
[3단계] 변의 길이에 따라 분류하기	두 각의 크기가 $\boxed{}$ °로 같으므로 $\boxed{}$ 삼각형입니다.	

유제 7 두 각의 크기가 다음과 같은 삼각형은 어떤 삼각형인지 두 가지로 써 보세요.

$$45°, \quad 45°$$

(   ), (   )

 유제 8 삼각형의 일부가 지워졌습니다. 어떤 삼각형인지 두 가지로 써 보세요.

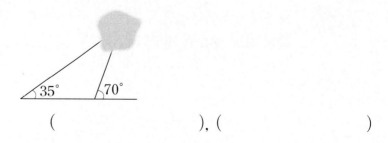

(   ), (   )

5 크고 작은 삼각형의 수 구하기

대표문제 오른쪽 도형에서 찾을 수 있는 크고 작은 예각삼각형은 모두 몇 개일까요?

(   )

풀이		
[1단계] 삼각형 1개짜리 예각삼각형 찾기	삼각형 1개짜리 예각삼각형은 ☐로 ☐개입니다.	
[2단계] 삼각형 2개짜리 예각삼각형 찾기	삼각형 2개짜리 예각삼각형은 ①+②, ②+☐으로 ☐개입니다.	
[3단계] 삼각형 3개짜리 예각삼각형 찾기	삼각형 3개짜리 예각삼각형은 ①+②+☐, ②+☐+☐로 ☐개입니다.	
[4단계] 크고 작은 예각삼각형의 수 구하기	따라서 크고 작은 예각삼각형은 모두 ☐+☐+☐=☐(개)입니다.	

유제 9 오른쪽 도형에서 찾을 수 있는 크고 작은 둔각삼각형은 모두 몇 개일까요?

(   )

Up 유제 10 오른쪽 도형에서 찾을 수 있는 크고 작은 예각삼각형과 둔각삼각형 중에서 어느 것이 몇 개 더 많을까요?

(   ), (   )

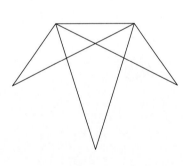

STEP 2 고수 실전문제

1 다음은 친구들이 그린 삼각형입니다. 세 친구들이 그린 삼각형에서 예각은 모두 몇 개일까요?

둔각삼각형을 그렸어.
준영

직각삼각형을 그렸어.
현석

예각삼각형을 그렸어.
유림

(   )

2 그림과 같이 색종이를 반으로 접은 후 선분 ㄱㄴ을 따라 잘랐습니다. 펼쳤을 때 만들어진 삼각형의 세 변의 길이의 합은 몇 cm일까요?

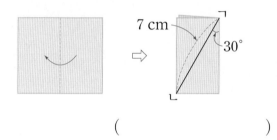

7 cm
30°

(   )

3 한 각의 크기가 60°인 예각삼각형이 있습니다. 이 삼각형의 다른 한 각의 크기가 될 수 있는 각도를 모두 찾아 써 보세요.

25°, 30°, 45°, 55°, 60°

(   )

4 다음 도형의 꼭짓점을 지나는 직선을 두 개 그어 둔각삼각형 3개를 만들어 보세요.

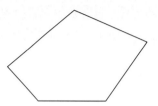

5 도형에서 변 ㄱㄴ, 변 ㄴㄹ, 변 ㄷㄹ의 길이가 모두 같을 때 각 ㄴㄷㄹ의 크기를 구해 보세요.

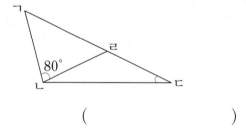

80°

(   )

6 삼각형 ㄱㄴㄷ의 세 변의 길이의 합은 몇 cm일까요?

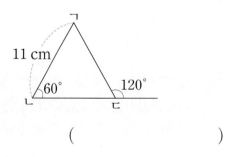

11 cm
60°
120°

(   )

7 철사를 겹치지 않게 이어서 한 변의 길이가 8 cm인 정삼각형을 만들었습니다. 이 철사로 그림과 같은 이등변삼각형을 만든다면 변 ㄴㄷ의 길이는 몇 cm가 될까요?

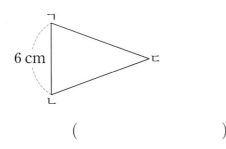

( )

8 정삼각형 ㄱㄴㄹ과 이등변삼각형 ㄴㄷㄹ을 겹치지 않게 이어 붙여서 만든 사각형입니다. 이 사각형의 네 변의 길이의 합이 50 cm일 때 변 ㄷㄹ의 길이는 몇 cm일까요?

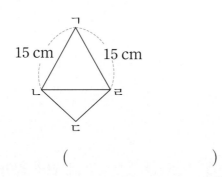

( )

9 둘레가 20 cm이고 한 변의 길이가 6 cm인 이등변삼각형이 있습니다. 남은 두 변의 길이가 될 수 있는 길이를 모두 구해 보세요.

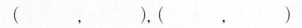

(,), (,)

중요
10 도형에서 찾을 수 있는 크고 작은 예각삼각형은 모두 몇 개일까요?

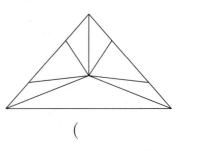

( )

11 다음은 크기가 같은 정삼각형 4개와 10개를 각각 겹치지 않게 이어 붙여서 만든 도형입니다. 빨간색 선의 길이가 24 cm일 때 초록색 선은 몇 cm일까요?

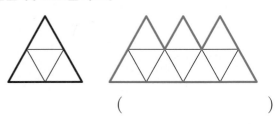

( )

12 삼각형 ㄱㄴㄷ과 삼각형 ㅁㄷㄹ은 각각 이등변삼각형입니다. 각 ㄱㄷㅁ의 크기를 구해 보세요.

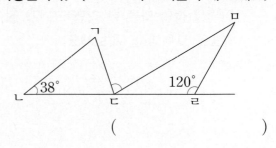

( )

13 삼각형 ㄱㄴㄷ은 이등변삼각형이고 삼각형 ㄱㄴㄹ은 정삼각형입니다. 삼각형 ㄱㄴㄷ의 세 변의 길이의 합이 24 cm일 때 색칠한 부분의 모든 변의 길이의 합은 몇 cm일까요?

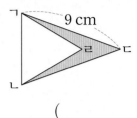

(   )

중요
14 길이가 13 cm인 끈을 겹치지 않게 이어서 만들 수 있는 서로 다른 이등변삼각형은 모두 몇 가지일까요? (단, 각 변의 길이는 모두 자연수입니다.)

(   )

15 직사각형 1개와 세 변의 길이의 합이 40 cm인 이등변삼각형 2개를 겹치지 않게 붙여서 만든 도형입니다. 이 도형의 둘레는 몇 cm일까요?

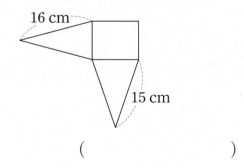

(   )

16 정사각형 안에 똑같은 이등변삼각형 4개를 그린 것입니다. ㉠의 각도를 구해 보세요.

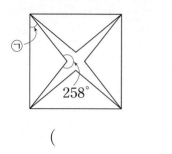

(   )

17 오른쪽 그림에서 사각형 ㄱㄴㄷㄹ은 정사각형이고 삼각형 ㅁㄴㄷ은 정삼각형입니다. 각 ㄱㅁㄹ의 크기를 구해 보세요.

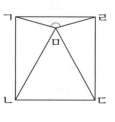

(   )

18 다음은 지원이와 두리가 그린 삼각형의 두 각의 크기입니다. 지원이가 그린 삼각형이 예각삼각형이고 이등변삼각형이면 두리가 그린 삼각형은 예각삼각형과 둔각삼각형 중에서 무엇일까요? (단, 같은 모양은 같은 각도입니다.)

(   )

1 도형에서 찾을 수 있는 크고 작은 정삼각형은 모두 몇 개일까요?

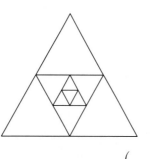

( )

정삼각형을 크기별로 세어 봅니다.

2 두 각의 크기의 합이 110°인 이등변삼각형이 있습니다. 이 이등변삼각형의 세 각의 크기가 될 수 있는 각도를 모두 구해 보세요.

( ), ( )

삼각형의 세 각의 크기의 합을 이용하여 나머지 한 각의 크기를 먼저 구합니다.

3 다음 중 두 각도를 골라 둔각삼각형을 만들려고 합니다. 고를 수 있는 두 각도는 모두 몇 가지일까요?

| 15°, 25°, 45°, 65°, 95°, 145° |

( )

둔각을 포함하여 선택하는 경우와 예각만 2개 선택하는 경우로 나누어 생각해 봅니다.

경시 문제 맛보기

4 오른쪽 그림에서 사각형 ㄱㄴㄷㄹ은 정사각형이고 삼각형 ㅁㄱㄹ은 이등변삼각형입니다. 각 ㄹㅂㄷ의 크기를 구해 보세요.

( )

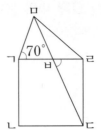

고수 비법

도형에서 길이가 같은 변을 모두 찾아 봅니다.

경시 문제 맛보기

5 오른쪽과 같이 원 위에 같은 간격으로 5개의 점이 찍혀 있습니다. 세 점을 이어 삼각형을 만들 때 이등변삼각형은 모두 몇 개 만들 수 있을까요?

( )

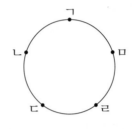

한 점에서 같은 간격만큼 떨어진 두 점을 이어 만들 수 있는 이등변삼각형을 찾아봅니다.

창의·융합 UP

6 동티모르 국기는 빨간색 직사각형 위에 노란색, 검은색 이등변삼각형이 겹쳐서 놓이고, 그 위에 흰색 별이 놓인 모양입니다. 노란색 이등변삼각형은 식민주의의 흔적과 상처를, 검은색 이등변삼각형은 반계몽주의를, 흰색 별은 밝은 미래로 인도하는 빛을 의미합니다. 동티모르 국기에서 ㉠의 각도를 구해 보세요.

(수학+사회)

( )

동티모르는 400년 동안 포르투갈령으로 남아 있다가 베트남 전쟁이 끝난 직후 인도네시아의 무력 침공에 의해 1977년 인도네시아령(領) 동티모르주로 편입되었습니다. 2002년 인도네시아로부터 분리되어 완전히 독립했습니다.

1 그림과 같은 수수깡을 겹치지 않게 이어 붙여서 만들 수 있는 삼각형은 무엇일까요?

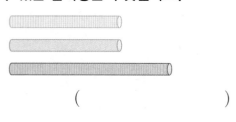

(　　　　　)

2 어떤 도형에 대한 설명일까요?

> • 예각삼각형입니다.
> • 세 변의 길이가 같습니다.

(　　　　　)

3 선을 따라 종이를 잘랐습니다. 예각삼각형과 둔각삼각형은 각각 몇 개일까요?

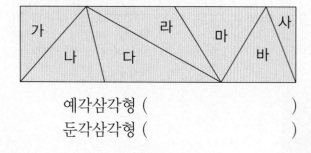

예각삼각형 (　　　　)
둔각삼각형 (　　　　)

4 기둥에 고무줄을 걸어 삼각형을 만들었습니다. 노란색 기둥에 걸어 고무줄을 옮겨 삼각형을 만들 때 둔각삼각형을 만드는 방법은 모두 몇 가지일까요?

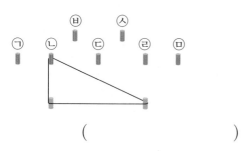

(　　　　　)

5 친구들이 그린 삼각형에 대해 말한 것입니다. 잘못 말한 사람의 이름을 쓰고 바르게 고쳐 보세요.

지원 : 나는 예각 3개로 이루어진 삼각형을 그렸어.

수아 : 나는 직각 1개와 예각 2개로 이루어진 삼각형을 그렸어.

현석 : 나는 둔각 2개와 예각 1개로 이루어진 삼각형을 그렸어.

이름 _____

_____

6 두 각의 크기가 다음과 같은 삼각형은 예각삼각형, 직각삼각형, 둔각삼각형 중에서 무엇일까요?

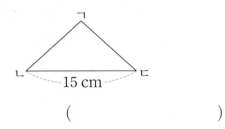

55°,   30°

(   )

7 삼각형 ㄱㄴㄷ은 세 변의 길이의 합이 35 cm인 이등변삼각형입니다. 변 ㄱㄷ의 길이는 몇 cm일까요?

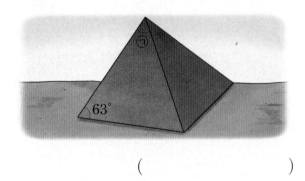

15 cm

(   )

창의·융합 [수학➕사회]

8 7대 불가사의 중 하나인 고대 이집트의 피라미드를 앞에서 본 모양은 이등변삼각형입니다. 다음과 같은 피라미드에서 ㉠의 각도를 구해 보세요.

63°

(   )

9 한 꼭짓점에서 다른 꼭짓점으로 선을 그어 도형을 삼각형으로 나눌 때 이등변삼각형이면서 둔각삼각형인 삼각형은 모두 몇 개일까요?

(   )

10 오른쪽 도형은 세 변의 길이의 합이 21 cm인 이등변삼각형 1개와 크기가 같은 정삼각형 3개를 겹치지 않게 이어 붙여서 만든 것입니다. 빨간색 선의 길이는 몇 cm일까요?

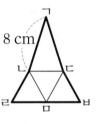

8 cm

(   )

11 정삼각형 2개를 직선 위에 그린 것입니다. 각 ㄱㄷㅁ의 크기를 구해 보세요.

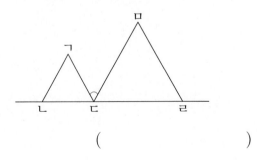

(   )

12 도형에서 찾을 수 있는 크고 작은 둔각삼각형은 모두 몇 개일까요?

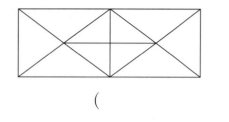

(   )

13 한 각의 크기가 50°인 이등변삼각형이 있습니다. 이 이등변삼각형의 나머지 두 각의 크기가 될 수 있는 각도를 모두 구해 보세요.

(,   ), (,   )

14 40° 간격으로 그린 반지름을 두 변으로 하는 삼각형을 그리려고 합니다. 한 각의 크기가 30°인 삼각형을 몇 개까지 그릴 수 있을까요? (단, 삼각형을 겹치지 않게 그려야 합니다.)

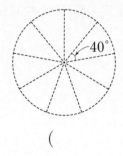

(   )

15 삼각형 ㄱㄴㄷ은 정삼각형이고 삼각형 ㄹㄴㄷ은 이등변삼각형입니다. 각 ㄱㄴㄹ의 크기를 구해 보세요.

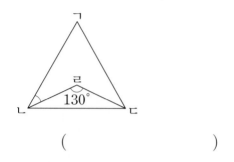

(   )

16 정사각형 모양 색종이와 정삼각형 모양 색종이를 겹치지 않게 이어 붙인 것입니다. 각 ㅁㄱㄹ의 크기를 구해 보세요.

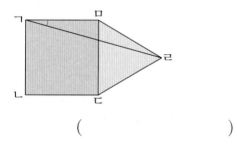

(   )

17 이등변삼각형 ㄱㄴㄷ과 정삼각형 ㄹㄴㄷ을 겹쳐 놓은 것입니다. 각 ㄱㅁㄴ의 크기를 구해 보세요.

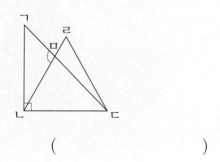

(   )

서술형 문제

18 오른쪽 삼각형을 정삼각형이라고 할 수 있는지 쓰고 그 이유를 설명해 보세요.

답 _____

이유 _____

_____

19 오른쪽 삼각형 ㄱㄴㄷ의 세 변의 길이의 합이 42 cm일 때 변 ㄴㄷ의 길이는 몇 cm인지 풀이 과정을 쓰고 답을 구해 보세요.

풀이 _____

_____

_____

답 _____

20 두 각의 크기가 다음과 같은 삼각형의 이름이 될 수 있는 것을 모두 찾으려고 합니다. 풀이 과정을 쓰고 답을 구해 보세요.

$$68°, \quad 44°$$

풀이 _____

_____

_____

답 _____ , _____

서술형 문제

21 다음 정삼각형과 이등변삼각형은 세 변의 길이의 합이 같습니다. 정삼각형의 한 변의 길이는 몇 cm인지 풀이 과정을 쓰고 답을 구해 보세요.

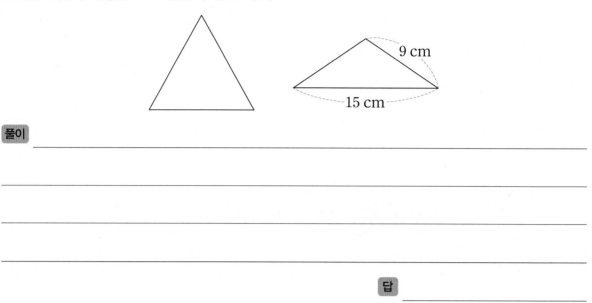

9 cm

15 cm

풀이

답

22 사각형 ㄱㄴㄷㄹ은 정사각형, 삼각형 ㅁㄴㄷ은 이등변삼각형, 삼각형 ㅁㄷㅂ은 정삼각형입니다. 각 ㄱㄴㅁ의 크기는 몇 도인지 풀이 과정을 쓰고 답을 구해 보세요.

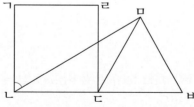

풀이

답

3

소수의 덧셈과 뺄셈

3 소수의 덧셈과 뺄셈

1 소수 두 자리 수 알아보기

• 소수 두 자리 수

분수	소수	읽기
$\dfrac{1}{100}$	0.01	영 점 영일
$\dfrac{43}{100}$	0.43	영 점 사삼

$\dfrac{1}{100}$이 43개   0.01이 43개

• 소수 두 자리 수의 자릿값

	일의 자리		소수 첫째 자리	소수 둘째 자리
1 이 1개 →	1	.		
0.1 이 5개 →	0	.	5	
0.01이 7개 →	0	.	0	7
	1	.	5	7

└→ 1.57＝1＋0.5＋0.07
→ 일 점 오칠이라고 읽습니다.

2 소수 세 자리 수 알아보기

• 소수 세 자리 수

분수	소수	읽기
$\dfrac{1}{1000}$	0.001	영 점 영영일
$\dfrac{387}{1000}$	0.387	영 점 삼팔칠

$\dfrac{1}{1000}$이 387개   0.001이 387개

• 소수 세 자리 수의 자릿값

	일의 자리		소수 첫째 자리	소수 둘째 자리	소수 셋째 자리
1 이 1개 →	1	.			
0.1 이 6개 →	0	.	6		
0.01 이 9개 →	0	.	0	9	
0.001이 3개 →	0	.	0	0	3
	1	.	6	9	3

└→ 1.693＝1＋0.6＋0.09＋0.003
→ 일 점 육구삼이라고 읽습니다.

다음에 배울 내용

5-2 2. 분수의 곱셈

▶ 분수를 소수로 나타내기

① 분모가 10인 분수로 바꾸어 나타냅니다.

$$\frac{2}{5}=\frac{2\times 2}{5\times 2}=\frac{4}{10}=0.4$$

② 분모가 100인 분수로 바꾸어 나타냅니다.

$$\frac{1}{4}=\frac{1\times 25}{4\times 25}=\frac{25}{100}=0.25$$

▶ 소수를 분수로 나타내기

① 소수 한 자리 수는 분모가 10인 분수로 나타냅니다.

$$0.5=\frac{5}{10}$$

② 소수 두 자리 수는 분모가 100인 분수로 나타냅니다.

$$0.17=\frac{17}{100}$$

3 소수의 크기 비교하기

- 0.6과 0.60 비교하기

0.6과 0.60은 같은 수입니다. 필요한 경우 소수의 오른쪽 끝자리에 0을 붙여서 나타낼 수 있습니다.

$$0.6=0.60$$

- 두 소수의 크기 비교하는 방법

높은 자리 수부터 차례로 비교합니다.

$$\underset{8>5}{2.863>2.571} \qquad \underset{8>4}{5.386>5.347} \qquad \underset{2<6}{3.472<3.476}$$

4 소수 사이의 관계 알아보기

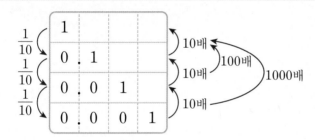

5 소수의 덧셈과 뺄셈

소수점끼리 맞추어 쓰고 같은 자리 수끼리 계산합니다.

⑩ 0.56＋0.93의 계산

소수 둘째 자리	소수 첫째 자리	일의 자리
0 . 5 6 ＋ 0 . 9 3 9	1 0 . 5 6 ＋ 0 . 9 3 4 9	1 0 . 5 6 ＋ 0 . 9 3 1 . 4 9

⑩ 3.24－1.68의 계산

소수 둘째 자리	소수 첫째 자리	일의 자리
1 10 3 . 2̸ 4 － 1 . 6 8 6	2 11 10 3̸ . 2̸ 4 － 1 . 6 8 5 6	2 11 10 3̸ . 2̸ 4 － 1 . 6 8 1 . 5 6

다음에 배울 내용

5-2 4. 소수의 곱셈

▶ (소수)×(자연수)

⑩ 0.3×5의 계산

방법1 덧셈식으로 고쳐서 계산합니다.

$$0.3\times5$$
$$=0.3+0.3+0.3+0.3+0.3$$
$$=1.5$$

방법2 분수의 곱셈으로 고쳐서 계산합니다.

$$0.3\times5=\frac{3}{10}\times5=\frac{3\times5}{10}$$
$$=\frac{15}{10}=1.5$$

방법3 자연수의 곱셈을 이용하여 계산합니다.

$$\begin{array}{r}3\\ \times\ 5\\ \hline 1\ 5\end{array} \quad\Rightarrow\quad \begin{array}{r}0.3\\ \times\ \ \ 5\\ \hline 1.5\end{array}$$

소수 두 자리 수 알아보기

1 전체 크기가 1인 모눈종이에 색칠된 부분의 크기를 소수로 나타내어 보세요.

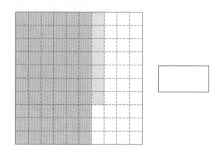

소수 두 자리 수 알아보기

2 □ 안에 알맞은 수나 말을 써넣으세요.

3.89에서 3은 □의 자리 숫자이고 □을/를 나타냅니다.

8은 □ 자리 숫자이고 □을/를 나타냅니다.

9는 □ 자리 숫자이고 □을/를 나타냅니다.

소수 세 자리 수 알아보기

3 관계있는 것끼리 선으로 이어 보세요.

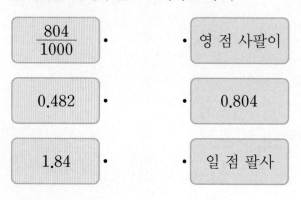

$\dfrac{804}{1000}$ •	• 영 점 사팔이
0.482 •	• 0.804
1.84 •	• 일 점 팔사

소수 세 자리 수 알아보기

4 8이 나타내는 수를 써 보세요.

(1) 2.385 ( )

(2) 0.598 ( )

소수의 크기 비교하기

5 소수에서 생략할 수 있는 0을 모두 찾아 보기와 같이 나타내어 보세요.

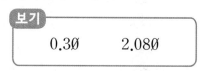

보기
0.3∅   2.08∅

(1) 0.070   (2) 3.900

소수의 크기 비교하기

6 두 수의 크기를 비교하여 ○ 안에 >, =, <를 알맞게 써넣으세요.

(1) 2.57 ○ 2.62

(2) 0.493 ○ 0.488

소수 사이의 관계 알아보기

7 빈칸에 알맞은 수를 써넣으세요.

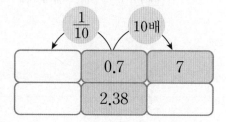

소수의 덧셈

8 수직선을 보고 □ 안에 알맞은 수를 써넣으세요.

0   0.5   1   1.5

$0.8 + \boxed{} = \boxed{}$

소수의 덧셈

9 계산해 보세요.

(1) $2.9 + 0.7$

(2) $0.27 + 0.48$

(3) $3.5 + 1.64$

소수의 덧셈

10 설명하는 수를 구해 보세요.

0.53보다 2.69 큰 수

(   )

소수의 덧셈

11 키가 8.5 cm인 식물을 심었는데 일주일 후 0.9 cm가 자랐습니다. 일주일 후 이 식물의 키는 몇 cm가 될까요?

(   )

소수의 뺄셈

12 전체 크기가 1인 모눈종이에 나타낸 그림을 보고 □ 안에 알맞은 수를 써넣으세요.

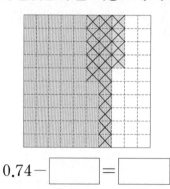

$0.74 - \boxed{} = \boxed{}$

소수의 뺄셈

13 잘못 계산한 곳을 찾아 바르게 계산해 보세요.

$$\begin{array}{r} 4.2\,5 \\ -\quad 1.8 \\ \hline 4.0\,7 \end{array} \Rightarrow$$

소수의 뺄셈

14 길이가 6.23 m인 철사에서 2.49 m를 잘라서 사용하였습니다. 남은 철사의 길이는 몇 m일까요?

(   )

STEP 1 고수 대표유형문제

1 소수의 자릿값 알아보기

대표문제 다음 중 5가 0.005를 나타내는 수를 찾아 기호를 써 보세요.

| ㉠ 2.453 | ㉡ 1.567 | ㉢ 8.435 | ㉣ 5.298 | ㉤ 0.65 |

( )

풀이		
[1단계] 0.005에서 5가 어느 자리 숫자인지 알아보기	0.005에서 5는 소수 ☐ 자리 숫자입니다.	
[2단계] 5가 0.005를 나타내는 수 찾기	주어진 수 중 소수 셋째 자리 숫자가 5인 수는 ☐ 입니다.	

유제 1 다음 중 7이 0.7을 나타내는 수를 모두 찾아 써 보세요.

| 7.584 | 94.7 | 0.367 | 2.749 | 12.17 |

( )

Up 유제 2 다음 중 4가 나타내는 수가 가장 작은 수를 찾아 읽어 보세요.

| 0.42 | 8.941 | 1.524 | 25.348 | 4.67 | 0.482 |

( )

② 소수 사이의 관계 알아보기

대표문제 다른 수를 설명한 친구의 이름을 써 보세요.

19.26의 $\frac{1}{10}$ 192.6의 $\frac{1}{100}$ 0.1926의 10배   0.1926의 100배

기하   유림   현석   수아

(   )

풀이	
[1단계] 네 친구가 설명하는 수 구하기	기하: 19.26의 $\frac{1}{10}$은 각 자리의 값이 $\frac{1}{10}$씩 작아지므로 [ ]입니다. 유림: 192.6의 $\frac{1}{100}$은 각 자리의 값이 $\frac{1}{100}$씩 작아지므로 [ ]입니다. 현석: 0.1926의 10배는 각 자리의 값이 10배씩 커지므로 [ ]입니다. 수아: 0.1926의 100배는 각 자리의 값이 100배씩 커지므로 [ ]입니다.
[2단계] 다른 수를 설명한 친구 찾기	따라서 다른 수를 설명한 친구는 [ ]입니다.

유제 ③ 0.45와 같은 수를 모두 찾아 기호를 써 보세요.

ㄱ 0.045의 10배   ㄴ 0.45의 $\frac{1}{10}$ ㄷ 0.045의 100배   ㄹ 45의 $\frac{1}{100}$

(   )

유제 ④ 어떤 수의 $\frac{1}{10}$은 0.083입니다. 어떤 수는 얼마일까요?

(   )

3 조건을 모두 만족하는 소수 구하기

대표문제 조건을 모두 만족하는 소수를 구해 보세요.

조건
- ㉠ 소수 세 자리 수입니다.
- ㉡ 3보다 크고 4보다 작습니다.
- ㉢ 소수 첫째 자리 숫자는 7입니다.
- ㉣ 소수 둘째 자리 숫자는 5입니다.
- ㉤ 소수 셋째 자리 숫자는 소수 첫째 자리 숫자와 같습니다.

(   )

풀이		
[1단계] ㉠, ㉡ 조건에 알맞은 소수로 나타내기	3보다 크고 4보다 작은 소수 세 자리 수이므로 일의 자리 숫자는 ☐ 입니다. ⇨ ☐.■■■	
[2단계] ㉢, ㉣, ㉤ 조건에 알맞은 수 알아보기	소수 첫째 자리 숫자는 ☐, 소수 둘째 자리 숫자는 ☐ 이고 소수 셋째 자리 숫자는 소수 첫째 자리 숫자와 같으므로 ☐ 입니다.	
[3단계] 조건을 모두 만족하는 소수 구하기	따라서 조건을 모두 만족하는 소수는 ☐ 입니다.	

유제 5 조건을 모두 만족하는 소수를 구해 보세요.

조건
- ㉠ 소수 세 자리 수입니다.
- ㉡ 5보다 크고 6보다 작습니다.
- ㉢ 소수 첫째 자리 숫자는 2입니다.
- ㉣ 소수 둘째 자리 숫자는 8입니다.
- ㉤ 소수 셋째 자리 숫자는 소수 첫째 자리 숫자보다 3만큼 더 큽니다.

(   )

4 소수의 합과 차 활용

대표문제 주영이가 가지고 있는 색 테이프의 길이는 2.67 m이고, 윤선이가 가지고 있는 색 테이프의 길이는 주영이가 가지고 있는 색 테이프보다 0.83 m 더 깁니다. 주영이와 윤선이가 가지고 있는 색 테이프의 길이의 합은 몇 m일까요?

(   )

풀이		
[1단계] 윤선이가 가지고 있는 색 테이프의 길이 구하기	윤선이가 가지고 있는 색 테이프의 길이는 □ + □ = □ (m)입니다.
[2단계] 주영이와 윤선이가 가지고 있는 색 테이프의 길이의 합 구하기	주영이와 윤선이가 가지고 있는 색 테이프의 길이의 합은 □ + □ = □ (m)입니다.

유제 6 철인 삼종 경기 중 롱 코스는 세 가지 종목으로 전체 80 km를 경주하는 스포츠입니다. 60.75 km는 자전거를 타고, 3.5 km는 수영을, 나머지는 달리기를 합니다. 이 경기 중 달리기를 하는 거리는 몇 km일까요?

(   )

유제 7 설탕 6 kg 중에서 4.85 kg을 잼을 만드는 데 사용하고, 2.25 kg을 더 샀습니다. 지금 있는 설탕은 몇 kg일까요?

(   )

5 □ 안에 들어갈 수 있는 수 구하기

대표문제 0부터 9까지의 수 중에서 ■에 들어갈 수 있는 수를 모두 구해 보세요.

$$2.58 < 2.\blacksquare6$$

( )

풀이		
[1단계] 일의 자리 수, 소수 둘째 자리 수 비교하기	일의 자리 수는 □로 같고, 소수 둘째 자리 수를 비교하면 8 ◯ 6입니다.	
[2단계] 소수 첫째 자리 수 비교하기	2.58<2.■6이 되려면 소수 첫째 자리 수의 크기는 5 ◯ ■이어야 합니다.	
[3단계] ■에 들어갈 수 있는 수 구하기	따라서 ■에 들어갈 수 있는 수는 □, □, □, □입니다.	

유제 8 0부터 9까지의 수 중에서 □ 안에 들어갈 수 있는 수를 모두 구해 보세요.

$$5.47 > 5.\square9$$

( )

유제 9 0부터 9까지의 수 중에서 □ 안에 들어갈 수 있는 수는 모두 몇 개일까요?

$$7.265 < 7.2\square8$$

( )

6 모르는 수 구하기

대표문제 소수 두 자리 수의 뺄셈식에 잉크가 묻어 일부분이 보이지 않습니다. ㉠, ㉡, ㉢에 알맞은 수를 구해 보세요.

㉠ (   )

㉡ (   )

㉢ (   )

$$
\begin{array}{r}
6.2㉠ \\
-\ 3.㉡7 \\
\hline
㉢.65
\end{array}
$$

풀이		
[1단계] ㉠에 알맞은 수 구하기	㉠-7=5인 한 자리 수 ㉠은 없으므로 소수 첫째 자리에서의 받아내림을 생각하면 □+㉠-7=5에서 ㉠=□입니다.	
[2단계] ㉡에 알맞은 수 구하기	소수 둘째 자리로 받아내림한 수와 일의 자리에서의 받아내림을 생각하면 2-□+10-㉡=6에서 ㉡=□입니다.	
[3단계] ㉢에 알맞은 수 구하기	소수 첫째 자리로 받아내림하였으므로 6-□-3=㉢에서 ㉢=□입니다.	

유제 10 소수 두 자리 수의 덧셈식에 잉크가 묻어 일부분이 보이지 않습니다. ㉠, ㉡, ㉢에 알맞은 수의 합을 구해 보세요.

(   )

$$
\begin{array}{r}
4.㉠5 \\
+\ 2.8㉡ \\
\hline
㉢.43
\end{array}
$$

유제 11 □ 안에 알맞은 수를 써넣으세요.

$$
\begin{array}{r}
\square.3 \\
-\ 5.4\square \\
\hline
3.\square4
\end{array}
$$

7 바르게 계산한 값 구하기

대표문제 어떤 수에서 4.9를 빼야 할 것을 잘못하여 더했더니 12.15가 되었습니다. 바르게 계산한 값을 구해 보세요.

( )

풀이		
[1단계] 잘못 계산한 식 만들기	어떤 수를 ■라 하면 잘못 계산한 식은 ■+4.9=☐ 입니다.	
[2단계] 어떤 수 구하기	■의 값을 구하면 ■+4.9=☐, ■=☐−4.9, ■=☐ 이므로 어떤 수는 ☐ 입니다.	
[3단계] 바르게 계산한 값 구하기	따라서 바르게 계산하면 ☐−☐=☐ 입니다.	

유제 12 어떤 수에 2.85를 더해야 할 것을 잘못하여 뺐더니 2.61이 되었습니다. 바르게 계산한 값을 구해 보세요.

( )

Up
유제 13 어떤 수에 1.62를 더한 다음 0.85를 빼야 할 것을 잘못하여 1.62를 빼고 0.85를 더했더니 1.95가 되었습니다. 바르게 계산한 값을 구해 보세요.

( )

8 수 카드로 소수를 만들어 합과 차 구하기

대표문제 카드를 한 번씩 모두 사용하여 만들 수 있는 소수 두 자리 수 중 가장 큰 수와 가장 작은 수의 합은 얼마일까요?

[.] [6] [7] [2]

(   )

풀이		
[1단계] 가장 큰 소수 두 자리 수 만들기	주어진 카드로 만들 수 있는 소수 두 자리 수는 ■.■■로 쓸 수 있습니다. 가장 큰 소수는 일의 자리부터 큰 수를 차례로 놓아야 하므로 ┐ (높은 자리일수록 큰 값을 나타내기 때문입니다.) [ ] 입니다.
[2단계] 가장 작은 소수 두 자리 수 만들기	가장 작은 소수는 일의 자리부터 작은 수를 차례로 놓아야 하므로 [ ] 입니다
[3단계] 가장 큰 수와 가장 작은 수의 합 구하기	따라서 가장 큰 수와 가장 작은 수의 합은 [ ] + [ ] = [ ] 입니다.

유제 14 카드를 한 번씩 모두 사용하여 소수 두 자리 수를 만들려고 합니다. 가장 큰 수와 가장 작은 수의 차는 얼마일까요?

[.] [8] [4] [3]

(   )

Up! 유제 15 카드를 한 번씩 모두 사용하여 소수 첫째 자리 숫자가 0인 소수 두 자리 수를 만들려고 합니다. 두 번째로 큰 수와 두 번째로 작은 수의 합은 얼마일까요?

[.] [5] [1] [0] [9]

(   )

1 수직선에서 ㉠과 ㉡에 알맞은 소수를 각각 구해 보세요.

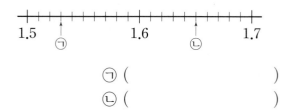

㉠ (   )

㉡ (   )

2 ㉠이 나타내는 수는 ㉡이 나타내는 수의 몇 배일까요?

4.858
㉠ ㉡

(   )

중요
3 지은이는 집에서 도서관, 공원, 영화관까지의 거리를 알아보았습니다. 집에서 가까운 곳부터 순서대로 써 보세요.

집~도서관	0.739 km
집~공원	342 m
집~영화관	1.74 km

(   )

4 한 변의 길이가 3.27 cm인 정삼각형이 있습니다. 이 삼각형의 세 변의 길이의 합은 몇 cm일까요?

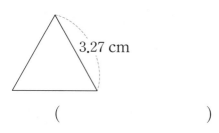

3.27 cm

(   )

5 기하에게 작은 신발을 찾아 기호를 써 보세요.

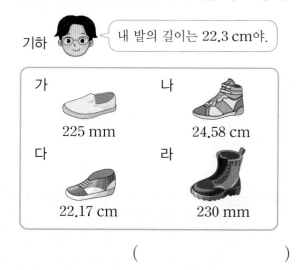

기하

내 발의 길이는 22.3 cm야.

가   225 mm

나   24.58 cm

다   22.17 cm

라   230 mm

(   )

6 $\frac{1}{100}$이 55개인 수와 0.6 사이에 있는 소수 두 자리 수를 모두 써 보세요.

(   )

중요

7 ㉮와 ㉯의 차는 얼마인지 구해 보세요.

> ㉮ 1이 2개, 0.1이 6개, 0.01이 21개,
> 0.001이 30개인 수
> ㉯ 1이 8개, 0.1이 3개, 0.01이 29개
> 인 수

( )

8 어떤 소수의 $\frac{1}{100}$이 0.792일 때, 어떤 소수의 100배는 얼마일까요?

( )

9 ㉮에 넣었다가 빼면 10배가 되고 ㉯에 넣었다가 빼면 $\frac{1}{100}$이 됩니다. 0.048을 ㉮에 3번 넣었다가 뺀 다음 ㉯에 1번 넣었다가 빼면 얼마가 되는지 소수로 나타내어 보세요.

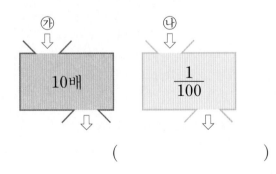

( )

10 기호 ⊙를 다음과 같이 약속할 때, 4.8⊙1.59의 값을 구해 보세요.

> ㉮⊙㉯＝㉮＋㉯＋㉯

( )

11 전체 용량이 8 GB(기가바이트)인 USB에 다음 파일들을 저장했습니다. 남은 USB의 용량은 몇 GB일까요?

이동식 기억 장치

> 사진 파일: 0.96 GB
> 동영상 파일: 3.7 GB
> 음악 파일: 1.08 GB

( )

12 ㉮와 ㉯에 알맞은 수를 **보기**에서 찾아 각각 써 보세요.

> ㉮ 이 수에는 2와 7이 있고 2보다는 크고 3.5보다는 작습니다.
> ㉯ 이 수에는 9가 없고 1.5보다 크고 2.4보다 작습니다.

보기

> 1.27, 1.87, 2.47, 2.39, 3.72

㉮ ( ), ㉯ ( )

13 양동이에 물이 $7.2\ \text{L}$ 들어 있습니다. 이 양동이에서 물을 $1.46\ \text{L}$씩 3번 덜어 냈을 때 남아 있는 물은 몇 L일까요?

(   )

14 색종이가 100장 있습니다. 빨간색 색종이는 27장이고 파란색 색종이는 빨간색 색종이보다 15장 더 많습니다. 나머지는 모두 노란색 색종이라면 노란색 색종이 수는 전체 색종이 수의 얼마인지 소수로 나타내어 보세요.

(   )

15 지원이와 두리의 카드에 있는 두 수의 차를 구해 보세요.

내 카드의 수는 4.72보다 1.5 큰 수야.

내 카드의 수는 4.72보다 2.9 작아.

지원   두리

(   )

16 ☐ 안에 들어갈 수 있는 소수 한 자리 수는 모두 몇 개일까요?

$$0.89+0.57<\boxed{}<1.5+0.48$$

(   )

17 길이가 $4.45\ \text{m}$인 끈과 $5.85\ \text{m}$인 끈을 묶었더니 전체 끈의 길이가 $9.23\ \text{m}$가 되었습니다. 매듭을 짓는 데 사용한 끈의 길이는 몇 m일까요?

(   )

18 같은 모양은 같은 수를 나타냅니다. ♥에 알맞은 수를 구해 보세요.

$$2.84+\bigstar=6.1$$
$$\bigstar-\heartsuit=1.6$$

(   )

중요
19 가에서 라까지의 거리는 몇 km일까요?

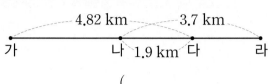

(   )

20 카드를 한 번씩 모두 사용하여 가장 큰 소수 세 자리 수와 두 번째로 큰 소수 세 자리 수를 만들었습니다. 두 수 사이에 있는 소수 두 자리 수를 모두 구해 보세요.

| . | 2 | 5 | 7 | 8 |

(   )

21 성진, 승민, 하늘이가 1 km 달리기를 하고 있습니다. 하늘이가 달린 거리는 몇 km일까요?

- 성진이는 도착 지점을 0.28 km 앞에 두고 있습니다.
- 승민이는 성진이보다 0.16 km 뒤에 있습니다.
- 하늘이는 승민이보다 0.25 km 앞에 있습니다.

(   )

22 길이가 10.4 cm인 색 테이프 3장을 0.8 cm씩 겹쳐서 한 줄로 이어 붙였습니다. 이어 붙인 색 테이프의 전체 길이는 몇 cm일까요?

10.4 cm

0.8 cm

(   )

23 **조건**을 모두 만족하는 소수 세 자리 수를 구해 보세요.

조건
ㄱ 1.7보다 크고 1.83보다 작습니다.
ㄴ 소수 둘째 자리 숫자는 5입니다.
ㄷ 각 자리의 숫자의 합은 15입니다.

(   )

중요
24 네 수의 크기를 비교하여 큰 수부터 차례로 기호를 써 보세요. (단, □ 안에는 0부터 9까지의 어느 수를 넣어도 됩니다.)

ㄱ 29.□6   ㄴ 30.74□
ㄷ 2□.045   ㄹ 3□.782

(   )

1 준영이와 친구들의 키를 비교하여 가장 큰 친구부터 순서대로 이름을 써 보세요.

준영이의 키를 먼저 구한 다음 그것을 기준으로 다른 친구들의 키를 구합니다.

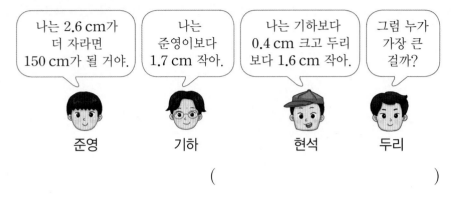

나는 2.6 cm가 더 자라면 150 cm가 될 거야.

나는 준영이보다 1.7 cm 작아.

나는 기하보다 0.4 cm 크고 두리보다 1.6 cm 작아.

그럼 누가 가장 큰 걸까?

준영   기하   현석   두리

(   )

2 다음에서 ■와 ●의 값을 각각 구해 보세요.

주어진 소수를 각 자릿값의 합으로 나타내어 생각합니다.

- 2.74는 1이 2개, 0.1이 6개, 0.01이 ■개인 수입니다.
- 0.386은 0.1이 3개, 0.01이 ●개, 0.001이 16개인 수입니다.

■ (   ), ● (   )

3 조건을 모두 만족하는 소수를 구해 보세요.

일의 자리 숫자를 먼저 구하고 각 자리 숫자를 알아봅니다.

조건

ㄱ 2보다 크고 3보다 작은 소수 세 자리 수입니다.
ㄴ 일의 자리 숫자와 소수 둘째 자리 숫자의 합은 7입니다.
ㄷ 소수 셋째 자리 숫자는 3으로 나누어떨어지는 수 중 가장 큰 수입니다.
ㄹ 이 소수를 100배 하면 십의 자리 숫자는 4가 됩니다.

(   )

4 카드를 한 번씩 모두 사용하여 가장 작은 소수 세 자리 수를 만들었습니다. 만든 소수 세 자리 수보다 작은 소수 두 자리 수는 모두 몇 개일까요? (단, 소수 둘째 자리 숫자는 0이 아닙니다.)

 .  2 9 0 7

(   )

고수 비법

소수의 각 자리 숫자를 모를 때 다음과 같이 나타낼 수 있습니다.
소수 세 자리 수: ___.□□□
소수 두 자리 수: ___.□□

5 세 수 ㉮, ㉯, ㉰가 있습니다. ㉮와 ㉯의 합은 3.32, ㉯와 ㉰의 합은 4.22, ㉮와 ㉰의 합은 2.46입니다. ㉮, ㉯, ㉰ 중에서 가장 큰 수와 가장 작은 수의 차를 구해 보세요.

(   )

㉮+㉯=■, ㉯+㉰=▲, ㉮+㉰=●
와 같이 두 수씩 짝지어 합이 주어졌을 때 세 식을 모두 더하면 ㉮+㉯+㉰의 값을 구할 수 있습니다.

$$㉮+㉯\qquad=■$$
$$\qquad㉯+㉰=▲$$
$$㉮\qquad+㉰=●$$

$$㉮+㉮+㉯+㉯+㉰+㉰=■+▲+●$$

⇨ (㉮+㉯+㉰)+(㉮+㉯+㉰)
=■+▲+●

창의·융합 UP

6
수학 ⊕ 사회

네덜란드의 수학자 스테빈은 분수를 다음과 같이 나타내는 방법을 생각하고, 소수로 나타내게 되었습니다. 스테빈의 방법으로 나타낸 수를 소수로 고쳐서 계산해 보세요.

$$\frac{3}{10}=3①\qquad\qquad\frac{58}{100}=5①8②$$
$$\frac{741}{1000}=7①4②1③\qquad\frac{2096}{1000}=2⓪9②6③$$

(1) 8⓪5①3②+1⓪6①7②

(2) 5⓪4①2②−3⓪9②

스테빈은 네덜란드의 수학자로 분모가 10, 100, 1000……인 분수 사용을 표준화하고, 이 분수를 이용하여 처음으로 소수로 나타냈습니다.

1 □ 안에 알맞은 소수를 써넣으세요.

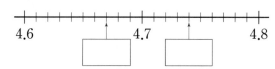

2 소수를 잘못 읽은 친구를 찾아 이름을 쓰고 바르게 읽어 보세요.

2.068은 이 점 영육팔	44.13은 사사 점 일삼	0.029는 영 점 영이구
수아	두리	유림

(　　　　　　), (　　　　　　)

3 3이 나타내는 수가 다른 것을 찾아 기호를 써 보세요.

㉠ 2.037	㉡ 14.73
㉢ 501.3	㉣ 0.039

(　　　　　　)

4 8.3과 같은 수를 모두 찾아 ○표 하세요.

0.083의 100배인 수	
830의 $\frac{1}{10}$인 수	
8300의 $\frac{1}{1000}$인 수	

5 빈칸에 알맞은 소수를 써넣으세요.

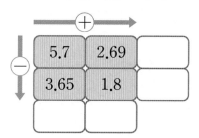

	5.7	2.69	
	3.65	1.8	

6 계산 결과의 크기를 비교하여 ○ 안에 >, =, <를 알맞게 써넣으세요.

$$3.9+2.7 \bigcirc 9.2-2.87$$

7 설명하는 소수를 쓰고 읽어 보세요.

> 0.1이 27개, 0.01이 36개,
> 0.001이 52개인 수

(   ) , (   )

8 ㉡이 나타내는 수는 ㉠이 나타내는 수의 몇 분의 몇일까요?

> 5.472
> ㉠㉡

(   )

9 두 수의 합을 구해 보세요.

> 0.059의
> 100배인 수   5.9의 $\frac{1}{10}$인 수

(   )

중요
10 학교에서 도서관까지의 거리는 860 m이고, 도서관에서 수영장까지의 거리는 0.57 km입니다. 학교에서 도서관을 거쳐 수영장까지의 거리는 몇 km일까요?

(   )

창의·융합 수학➕체육

11 지훈이는 걷기 대회에 참가했습니다. 출발점에서 반환점까지의 거리는 21 km이고, 출발점에서 반환점을 거쳐 다시 출발점으로 돌아오는 코스입니다. 지훈이가 지금까지 30.67 km를 걸었다면 몇 km를 더 걸어야 완주할 수 있을까요?

(   )

12 들이가 8.2 L인 양동이에 물이 5.73 L 들어 있었는데 그중에서 2.25 L의 물을 사용하였습니다. 양동이에 물을 가득 채우려면 몇 L의 물을 더 부어야 할까요?

(   )

13 철근을 ㉮ 기계에 넣었다가 빼면 길이가 $\frac{1}{10}$ 이 되고 ㉯ 기계에 넣었다가 빼면 길이가 10배가 됩니다. 어떤 철근을 ㉮ 기계에 2번 넣었다가 뺀 다음 ㉯ 기계에 넣었다가 뺐더니 길이가 0.28 m가 되었습니다. 처음 철근의 길이는 몇 m일까요?

( )

14 0부터 9까지의 수 중에서 □ 안에 들어갈 수 있는 수는 모두 몇 개일까요?

$$3.872 < 3.8\square4$$

( )

15 길이가 360 m인 도로의 한쪽에 처음부터 끝까지 똑같은 간격으로 나무 25그루를 심으려고 합니다. 나무와 나무 사이의 간격을 몇 km로 해야 하는지 소수로 나타내어 보세요. (단, 나무의 두께는 생각하지 않습니다.)

( )

16 길이가 1 m인 철사를 겹치지 않게 사용하여 그림과 같은 이등변삼각형을 만들었습니다. 남은 철사의 길이는 몇 m일까요?

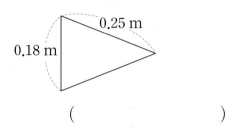

( )

17 어떤 수에 0.76을 더해야 하는데 잘못하여 뺐더니 0.64가 되었습니다. 바르게 계산한 값은 얼마일까요?

( )

18 조건 을 모두 만족하는 소수 세 자리 수를 구해 보세요.

조건
㉠ 5.6보다 크고 5.7보다 작습니다.
㉡ 일의 자리 숫자와 소수 둘째 자리 숫자는 같습니다.
㉢ 소수 첫째 자리 숫자는 소수 셋째 자리 숫자의 3배입니다.

( )

19 파란색 리본과 초록색 리본을 겹치지 않게 이으면 전체 길이는 몇 m가 되는지 풀이 과정을 쓰고 답을 구해 보세요.

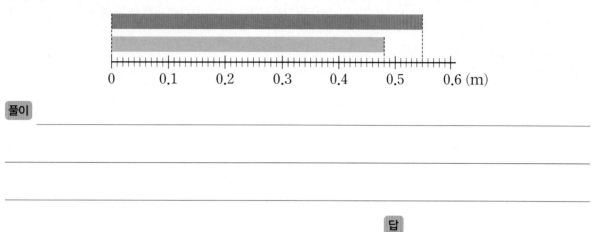

풀이 _____

_____

_____

답 _____

20 카드를 한 번씩 모두 사용하여 소수 두 자리 수를 만들려고 합니다. 가장 큰 수와 두 번째로 작은 수의 합은 얼마인지 풀이 과정을 쓰고 답을 구해 보세요.

풀이 _____

_____

_____

답 _____

21 41.76의 $\frac{1}{10}$인 수보다 작은 수 중에서 4.14보다 큰 소수 두 자리 수를 모두 구하려고 합니다. 풀이 과정을 쓰고 답을 구해 보세요.

풀이 _____

_____

답 _____

22 다음 수를 10배 한 수에서 소수 첫째 자리 숫자는 무엇인지 풀이 과정을 쓰고 답을 구해 보세요.

> 0.001이 204개, 0.01이 62개인 수

풀이

답

23 빈 병에 물을 가득 담아 무게를 재어 보았더니 0.4 kg이었고 물을 반만큼 마신 다음 무게를 다시 재어 보니 0.27 kg이었습니다. 빈 병의 무게는 몇 kg인지 풀이 과정을 쓰고 답을 구해 보세요.

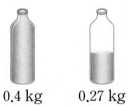

0.4 kg   0.27 kg

풀이

답

4

사각형

4 사각형

1 수직과 수선

• 수직과 수선 알아보기

두 직선이 만나서 이루는 각이 직각일 때, 두 직선은 서로 수직 이라고 합니다. 또 두 직선이 서로 수직으로 만나면 한 직선을 다른 직선에 대한 수선이라고 합니다.

• 수선 그어 보기

 삼각자를 사용하여 수선 긋기

 각도기를 사용하여 점 ㄱ을 지나는 수선 긋기

2 평행과 평행선

• 평행과 평행선 알아보기

한 직선에 수직인 두 직선을 그었을 때, 그 두 직선 은 서로 만나지 않습니다. 이와 같이 서로 만나지 않는 두 직선을 평행하다고 합니다.
이때 평행한 두 직선을 평행선이라고 합니다.

• 평행선 그어 보기

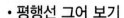 평행선 긋기

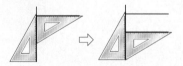

방법2 점 ㄱ을 지나는 평행선 긋기

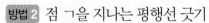

3 평행선 사이의 거리

평행선의 한 직선에서 다른 직선에 수선을 긋습니다. 이때 이 수선의 길이를 평행선 사이의 거리라고 합니다.

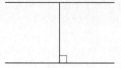

다음에 배울 내용

4-2 6. 다각형

▶ 다각형

• 선분으로만 둘러싸인 도형을 다각형 이라고 합니다.

• 다각형은 변의 수에 따라 분류합니다. 변이 6개이면 육각형, 변이 7개이면 칠각형……입니다.

육각형   칠각형

▶ 정다각형

• 변의 길이가 모두 같고 각의 크기가 모두 같은 다각형을 정다각형이라고 합니다.

• 변이 3개인 정다각형은 정삼각형, 변 이 4개이면 정사각형, 변이 5개이면 정오각형……입니다.

정오각형   정육각형

4 사다리꼴

> **사다리꼴**: 평행한 변이 한 쌍이라도 있는 사각형

5 평행사변형

- **평행사변형**: 마주 보는 두 쌍의 변이 서로 평행한 사각형

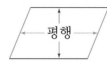

- **평행사변형의 성질**
  ① 마주 보는 두 변의 길이가 같습니다.
  ② 마주 보는 두 각의 크기가 같습니다.
  ③ 이웃한 두 각의 크기의 합이 180°입니다.

6 마름모

- **마름모**: 네 변의 길이가 모두 같은 사각형
- **마름모의 성질**
  ① 네 변의 길이가 모두 같습니다.
  ② 마주 보는 두 각의 크기가 같습니다.
  ③ 이웃한 두 각의 크기의 합이 180°입니다.
  ④ 마주 보는 두 쌍의 변이 서로 평행합니다.
  ⑤ 마주 보는 꼭짓점끼리 이은 선분이 서로 수직으로 만나고 이등분합니다.

7 여러 가지 사각형

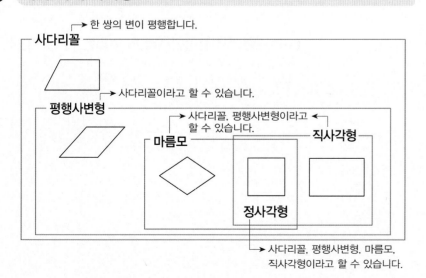

다음에 배울 내용

4-2 6. 다각형

▶ **대각선**
다각형에서 선분 ㄱㄷ, 선분 ㄴㄹ과 같이 서로 이웃하지 않는 두 꼭짓점을 이은 선분을 대각선이라고 합니다.

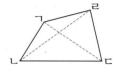

예 대각선의 개수

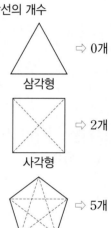

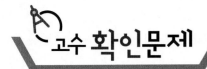
고수 확인문제

수직과 수선

1 두 직선이 만나서 이루는 각이 직각인 곳을 모두 찾아 └ 로 표시해 보세요.

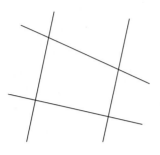

수직과 수선

2 각도기를 사용하여 직선 가에 수직인 직선을 그어 보세요.

평행과 평행선

3 직사각형에서 서로 평행한 변을 모두 찾아보세요.

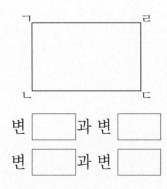

변 [ ] 과 변 [ ]

변 [ ] 과 변 [ ]

평행과 평행선

4 삼각자를 사용하여 점 ㄱ을 지나고 직선 가와 평행한 직선을 그어 보세요.

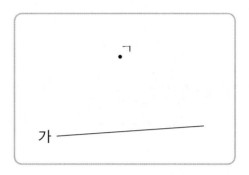

평행선 사이의 거리

5 평행선 사이의 거리를 나타내는 선분을 찾아보세요.

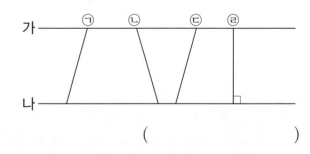

( )

평행선 사이의 거리

6 도형에서 평행선 사이의 거리는 몇 cm일까요?

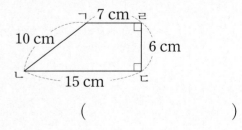

( )

72 • 수학의 고수 4-2

7 사다리꼴에서 서로 평행한 두 변을 찾아보세요.

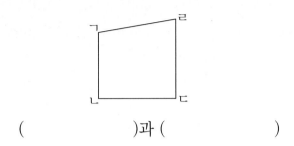

( )과 ( )

8 평행사변형을 보고 □ 안에 알맞은 수를 써넣으세요.

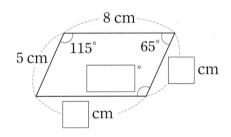

9 점 종이에서 점 ㄱ을 옮겨서 평행사변형을 만들려면 어느 점으로 옮겨야 할까요?

( )

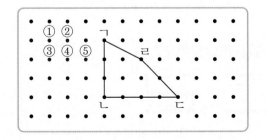

10 마름모를 보고 □ 안에 알맞은 수를 써넣으세요.

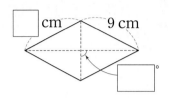

11 주어진 선분을 한 변으로 하는 마름모를 그려보세요.

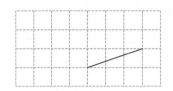

12 직사각형 모양의 종이띠를 선을 따라 잘랐을 때 각 도형을 찾아 기호를 써넣으세요.

| 가 | 나 | 다 | 라 | 마 |

사다리꼴	
평행사변형	
마름모	
직사각형	
정사각형	

고수
대표유형문제

1 수선과 평행선 찾기

대표문제 오른쪽 그림에서 서로 수직인 직선은 모두 몇 쌍일까요?

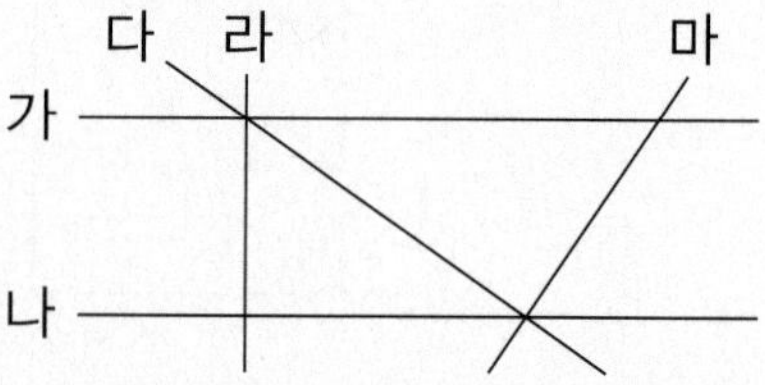

(   )

풀이		
[1단계] 직각인 곳 찾기	두 직선이 만나서 이루는 각이 직각인 곳을 모두 찾아 ⌐ 로 표시해 봅니다. 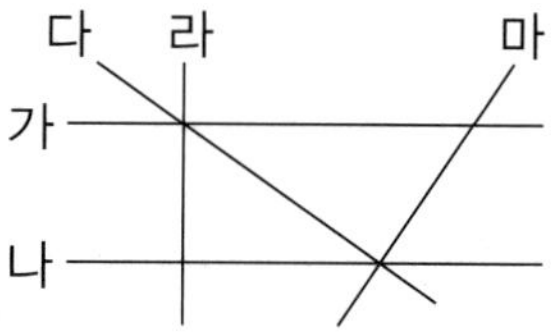	
[2단계] 서로 수직인 직선 찾기	서로 수직인 두 직선은 직선 가와 직선 ☐ , 직선 나와 ☐ , 직선 ☐ 와 직선 ☐ 입니다.	
[3단계] 수직인 직선이 몇 쌍인지 구하기	따라서 서로 수직인 직선은 모두 ☐ 쌍입니다.	

유제 1 오른쪽 그림에서 찾을 수 있는 평행선은 모두 몇 쌍일까요?

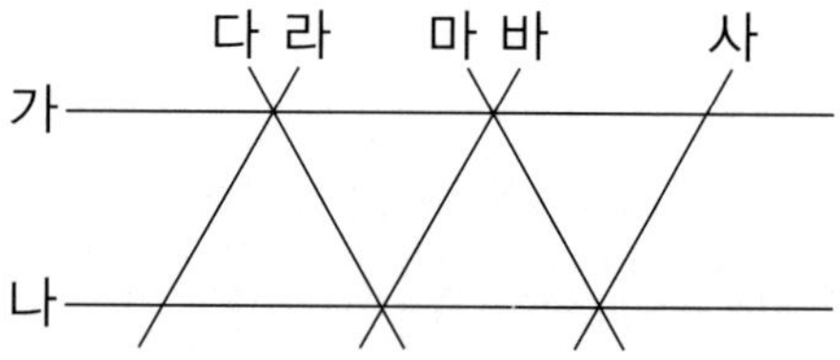

(   )

Up 유제 2 다음 글자에서 찾을 수 있는 수선과 평행선은 각각 몇 쌍일까요?

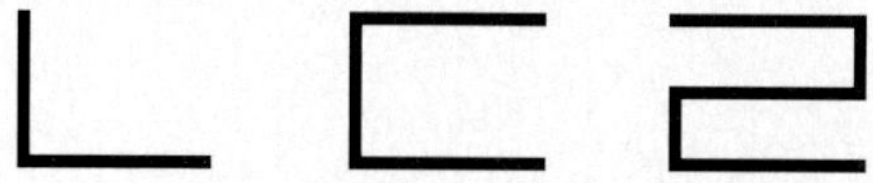

ㄴ ㄷ ㄹ

수선 (   ), 평행선 (   )

2 평행선 사이의 거리 구하기

 대표문제 오른쪽 그림에서 직선 가, 직선 나, 직선 다는 서로 평행합니다. 직선 가와 직선 다 사이의 거리는 몇 cm일까요?

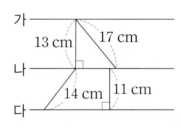

(   )

| 풀이 |

[1단계] 직선 가와 직선 나 사이의 거리 구하기	직선 가와 직선 나는 평행하므로 평행선 사이의 거리는 ☐ cm입니다.
[2단계] 직선 나와 직선 다 사이의 거리 구하기	직선 나와 직선 다는 평행하므로 평행선 사이의 거리는 ☐ cm입니다.
[3단계] 직선 가와 직선 다 사이의 거리 구하기	따라서 직선 가와 직선 다 사이의 거리는 ☐ + ☐ = ☐ (cm)입니다.

유제 3 오른쪽 그림에서 직선 가, 직선 나, 직선 다는 서로 평행합니다. 직선 가와 직선 다 사이의 거리는 몇 cm일까요?

(   )

Up 유제 4 도형에서 평행한 변 ㄱㅂ과 변 ㄹㅁ 사이의 거리는 몇 cm일까요?

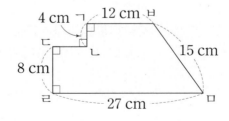

(   )

3 사다리꼴에서 선분의 길이 구하기

대표
문제 오른쪽 사각형 ㄱㄴㄷㄹ은 사다리꼴입니다. 선분 ㄱㄴ과 선분 ㄹㅁ이 평행할 때, 선분 ㅁㄷ의 길이는 몇 cm일까요?

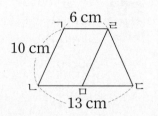

(   )

풀이		
[1단계] 사각형 ㄱㄴㅁㄹ이 어떤 사각형인지 알아보기	사각형 ㄱㄴㄷㄹ이 사다리꼴이므로 선분 ㄱㄹ과 선분 ㄴㅁ이 [ ]하고, 선분 ㄱㄴ과 선분 ㄹㅁ이 평행하므로 사각형 ㄱㄴㅁㄹ은 [ ]입니다.	
[2단계] 선분 ㄴㅁ의 길이 구하기	평행사변형은 마주 보는 두 변의 길이가 같으므로 (선분 ㄴㅁ)=(선분 [ ])=[ ] cm입니다.	
[3단계] 선분 ㅁㄷ의 길이 구하기	선분 ㅁㄷ의 길이는 (선분 ㄴㄷ)−(선분 ㄴㅁ)이므로 13−[ ]=[ ] (cm)입니다.	

유제 5 오른쪽 사각형 ㄱㄴㄷㄹ은 사다리꼴입니다. 선분 ㄱㄴ과 선분 ㅁㄷ이 평행할 때, 선분 ㄱㄹ의 길이는 몇 cm일까요?

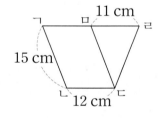

(   )

Up
유제 6 오른쪽 사각형 ㄱㄴㄷㄹ은 사다리꼴입니다. 선분 ㄱㅁ과 선분 ㄹㄷ이 평행할 때, 삼각형 ㄱㄴㅁ의 세 변의 길이의 합은 몇 cm일까요?

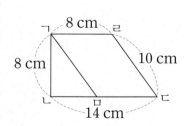

(   )

4 도형의 변의 길이 구하기

 대표문제 오른쪽 평행사변형 ㄱㄴㄷㄹ의 네 변의 길이의 합은 34 cm입니다. 변 ㄱㄴ의 길이는 몇 cm일까요?

(   )

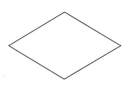

| 풀이 |

[1단계] 변 ㄴㄷ의 길이 구하기	평행사변형은 마주 보는 두 변의 길이가 같으므로 (변 ㄴㄷ)=(변 ㄱㄹ)=☐ (cm)입니다.
[2단계] 변 ㄱㄴ과 변 ㄹㄷ의 길이의 합 구하기	(변 ㄱㄴ)+(변 ㄹㄷ)=34−☐−☐=☐ (cm)입니다.
[3단계] 변 ㄱㄴ의 길이 구하기	평행사변형은 마주 보는 두 변의 길이가 같으므로 (변 ㄱㄴ)=☐÷2=☐ (cm)입니다.

유제 7 오른쪽 그림은 길이가 52 cm인 철사를 겹치지 않게 모두 사용하여 마름모를 만든 것입니다. 한 변의 길이는 몇 cm일까요?

(   )

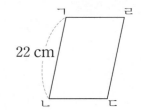

유제 8 오른쪽 사각형 ㄱㄴㄷㄹ은 평행사변형입니다. 평행사변형의 네 변의 길이의 합이 76 cm일 때 긴 변과 짧은 변의 길이의 차를 구해 보세요.

(   )

5 도형에서 각도 구하기

대표문제	오른쪽 사각형 ㄱㄴㄷㄹ은 마름모입니다. 각 ㄴㄱㄹ의 크기를 구해 보세요.

(   )

풀이		
[1단계] 마름모의 성질을 이용하여 이웃하는 각도의 합 알아보기	마름모는 이웃하는 두 각의 크기의 합이 [　　]°이므로 (각 ㄱㄴㄷ)+(각 ㄴㄱㄹ)=[　　]°입니다.	
[2단계] 각 ㄴㄱㄹ의 크기 구하기	(각 ㄱㄴㄷ)=45°이므로 45°+(각 ㄴㄱㄹ)=[　　]°에서 (각 ㄴㄱㄹ)=[　　]°−45°=[　　]°입니다.	

유제 **9** 오른쪽 사각형 ㄱㄴㄷㄹ은 평행사변형입니다. 각 ㄴㄷㄹ의 크기를 구해 보세요.

(   )

Up
유제 **10** 오른쪽 사각형 ㄱㄴㄷㄹ은 평행사변형이고 사각형 ㄹㄷㅁㅂ은 마름모입니다. 각 ㄹㅂㅁ의 크기를 구해 보세요.

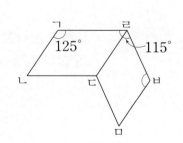

(   )

6 수선을 이용하여 각도 구하기

대표문제 오른쪽 그림에서 직선 ㄱㄴ과 직선 ㄷㄹ은 서로 수직입니다.
㉠의 각도를 구해 보세요.

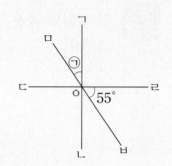

(   )

풀이		
[1단계] 각 ㄱㅇㄹ의 크기 구하기	직선 ㄱㄴ과 직선 ㄷㄹ이 이루는 각이 ☐이므로 각 ㄱㅇㄹ의 크기는 ☐°입니다.	
[2단계] 직선을 이루는 각도 구하기	직선을 이루는 각도는 ☐°입니다.	
[3단계] ㉠의 각도 구하기	$㉠ + ☐° + 55° = ☐°$에서 $㉠ = 180° - 55° - ☐° = ☐°$입니다.	

유제 11 오른쪽 그림에서 직선 나와 직선 다는 서로 수직입니다. ㉠의 각도를 구해 보세요.

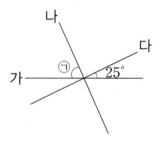

(   )

유제 12 오른쪽 그림에서 직선 ㄱㄴ과 직선 ㅁㅂ은 서로 수직입니다.
각 ㄷㅇㄴ의 크기를 구해 보세요.

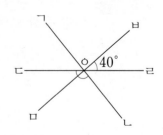

(   )

7 평행선과 한 직선이 만날 때 만들어지는 각의 크기 구하기

대표 문제	직선 가와 직선 나는 서로 평행합니다. ㉠의 각도를 구해 보세요.

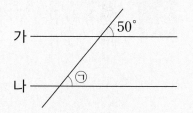

(   )

풀이		
	[1단계] ㉡의 각도 구하기	평행한 두 직선 사이에 오른쪽과 같이 수선을 그으면 사각형이 만들어집니다. 직선을 이루는 각도는 180°이므로 ㉡＝180°－50°＝□°입니다.
	[2단계] ㉠의 각도 구하기	사각형의 네 각의 크기의 합은 360°이므로 □°＋㉠＋90°＋90°＝360°입니다. 따라서 ㉠＝360°－□°－90°－90°＝□°입니다.

 13 오른쪽 그림에서 직선 가와 직선 나는 서로 평행합니다. ㉠의 각
도를 구해 보세요.

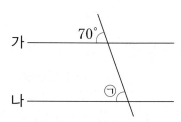

(   )

 14 오른쪽 그림에서 직선 가와 직선 나는 서로 평행합니다. ㉠의 각도
를 구해 보세요.

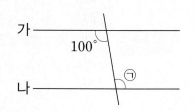

(   )

8 크고 작은 사각형의 개수 구하기

대표문제 오른쪽 도형에서 찾을 수 있는 크고 작은 평행사변형은 모두 몇 개일까요?

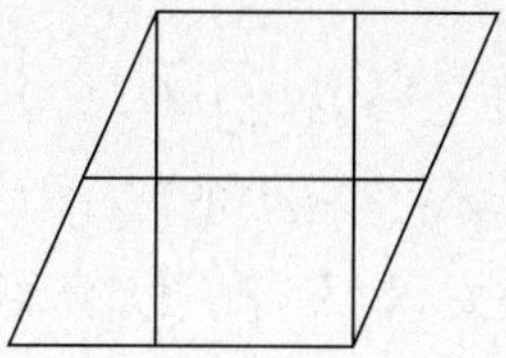

(   )

| 풀이 |

[1단계] 도형 1개, 2개······로 이루어진 평행사변형 찾아보기	• 도형 1개짜리: ②, ⑤ ⇨ ☐ 개 • 도형 2개짜리: ②+☐ ⇨ ☐ 개 • 도형 3개짜리: ①+②+③, ☐+☐+☐ ⇨ ☐ 개 • 도형 6개짜리: ①+②+③+☐+☐+☐ ⇨ ☐ 개
[2단계] 크고 작은 평행사변형의 개수 구하기	찾을 수 있는 크고 작은 평행사변형은 모두 ☐+☐+☐+☐=☐ (개)입니다.

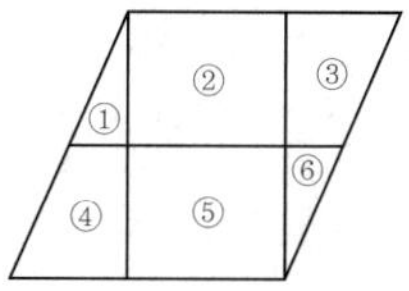

유제 15 오른쪽 도형에서 찾을 수 있는 크고 작은 마름모는 모두 몇 개일까요?

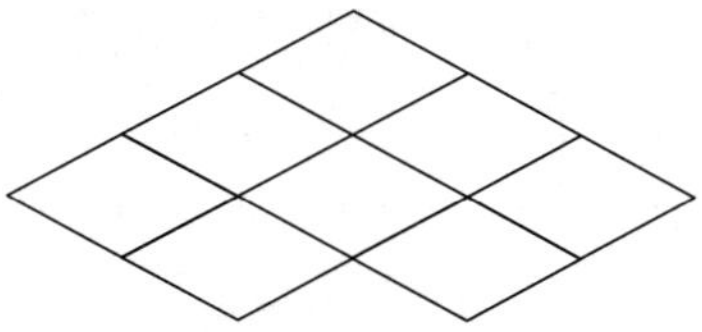

(   )

유제 16 오른쪽 도형에서 찾을 수 있는 크고 작은 사다리꼴은 모두 몇 개일까요?

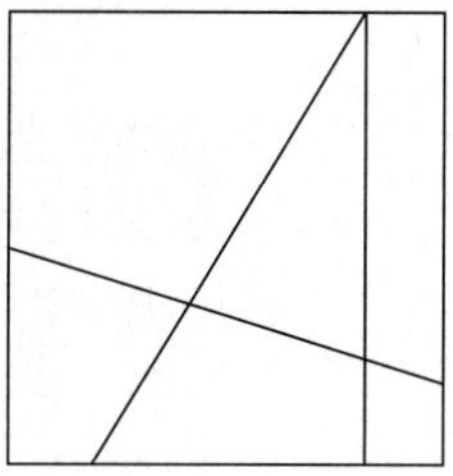

(   )

1 도형에서 서로 수직인 선분을 모두 찾아 써 보세요.

선분 ㄱㅅ과 (   )
선분 ㅇㄱ과 (   )

2 도형에서 평행한 변은 모두 몇 쌍일까요?

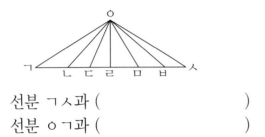

(   )

3 다음 중 평행선을 찾아볼 수 없는 무늬는 어느 것일까요? (   )

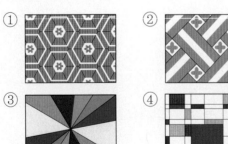

4 시계의 긴바늘이 12를 가리키고, 긴바늘과 짧은바늘이 수직을 이루는 때는 하루에 모두 몇 번 있을까요?

(   )

5 사각형에 한 꼭짓점을 지나는 선분을 한 개 그려서 만들 수 있는 사다리꼴은 모두 몇 가지일까요?

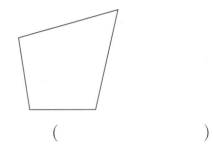

(   )

중요
6 직선 가, 직선 나, 직선 다는 서로 평행합니다. 직선 가와 직선 다 사이의 거리가 20 cm일 때 직선 나와 직선 다 사이의 거리는 몇 cm일까요?

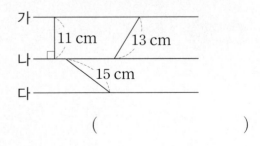

(   )

7 도형에서 가장 먼 평행선 사이의 거리는 몇 cm일까요?

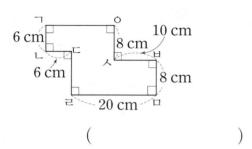

( )

8 사다리꼴 ㄱㄴㄷㄹ에서 사각형 ㅁㄴㄷㄹ은 마름모입니다. 선분 ㄷㄹ의 길이는 몇 cm일까요?

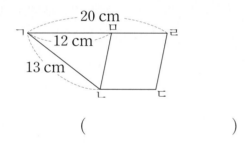

( )

9 현석이가 만든 마름모의 네 변의 길이의 합은 몇 cm일까요?

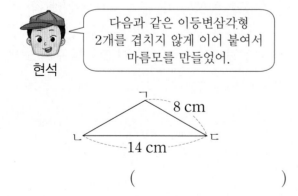

다음과 같은 이등변삼각형 2개를 겹치지 않게 이어 붙여서 마름모를 만들었어.

현석

( )

10 오른쪽 도형은 마름모와 정사각형을 겹치지 않게 이어 붙여서 만든 것입니다. 초록색 선은 몇 cm일까요?

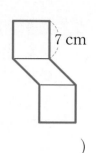

( )

중요
11 평행사변형과 마름모의 네 변의 길이의 합이 같습니다. 마름모의 한 변의 길이는 몇 cm일까요?

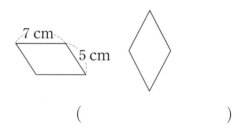

( )

12 정사각형 3개를 겹치지 않게 이어 붙여서 만든 직사각형입니다. 직사각형 ㄱㄴㄷㄹ의 네 변의 길이의 합은 몇 cm일까요?

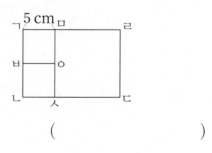

( )

13 오른쪽 사다리꼴 모양
으로 여러 장 오려서
아래 직사각형을 겹치
지 않게 빈틈없이 덮으
려고 합니다. 사다리꼴
모양은 모두 몇 장 필요할까요?

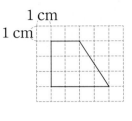

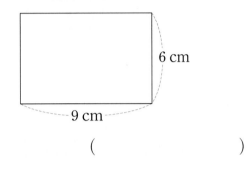

(   )

15 그림과 같이 크기가 다른 두 직사각형 모양의
종이띠 2개를 겹쳤습니다. ㉠의 각도를 구해
보세요.

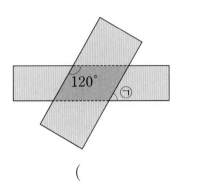

(   )

16 사각형 ㄱㄴㄷㄹ은 평행사변형입니다. 각 ㄷㄹ
ㅁ의 크기를 구해 보세요.

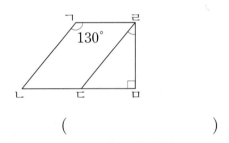

(   )

중요
14 도형은 모양과 크기가 같은 정삼각형을 겹치지
않게 이어 붙인 것입니다. 이 도형에서 찾을 수
있는 크고 작은 마름모는 모두 몇 개일까요?

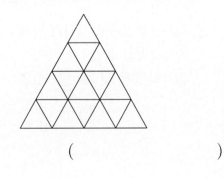

(   )

17 도형은 평행사변형 ㄱㄴㄷㄹ 안에 각 ㄱㄴㅁ과
각 ㄷㄴㅁ의 크기가 같도록 선분 ㄴㅁ을 그은
것입니다. 각 ㄴㅁㄹ의 크기를 구해 보세요.

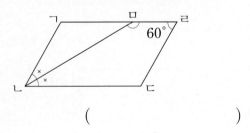

(   )

18 사각형 ㄱㄴㄷㄹ은 마름모입니다. 각 ㄷㄱㄹ의 크기를 구해 보세요.

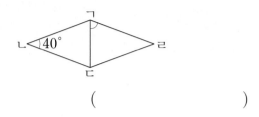

(   )

19 사각형 ㄱㄴㄷㄹ은 평행사변형입니다. 변 ㄱㄹ의 길이는 몇 cm일까요?

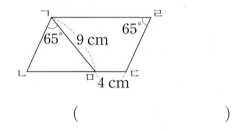

(   )

중요
20 도형은 변 ㅁㄷ과 변 ㄷㄹ의 길이가 같은 삼각형과 마름모 ㄱㄴㄷㅁ을 겹치지 않게 이어 붙여 놓은 것입니다. 사다리꼴 ㄱㄴㄷㄹ의 네 변의 길이의 합은 몇 cm일까요?

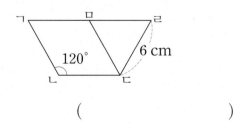

(   )

21 직선 가와 직선 나는 서로 평행합니다. □ 안에 알맞은 수를 써넣으세요.

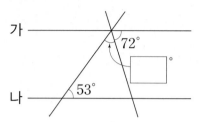

22 직선 가와 직선 나는 서로 평행합니다. 각 ㄱㄴㄷ의 크기를 구해 보세요.

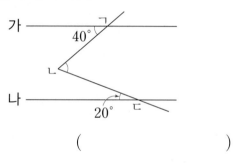

(   )

23 그림과 같이 직사각형 모양의 종이를 접었습니다. 각 ㅁㅂㄷ의 크기를 구해 보세요.

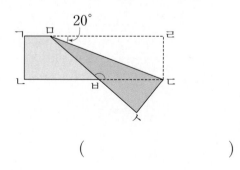

(   )

고수 비법

1 직선 가는 직선 다에 대한 수선입니다.
㉠의 각도를 구해 보세요.

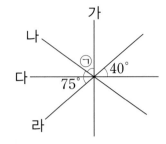

(   )

직선 가와 직선 다가 만나서 이루는 각은 직각입니다.

2 직선 가와 직선 나는 서로 평행합니다. ☐ 안에 알맞은 수를 써넣으세요.

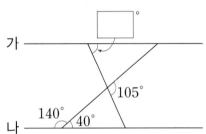

평행한 두 직선 사이에 수선을 그어 사각형을 만든 다음 도형의 안쪽 각의 크기의 합을 이용하여 해결해 봅니다.

3 도형은 정사각형 ㄱㄴㄷㄹ과 마름모 ㄹㄷㅁㅂ을 겹치지 않게 이어 붙인 다음 선분 ㄱㅂ을 그은 것입니다. 각 ㄱㅂㄹ의 크기를 구해 보세요.

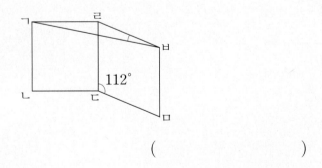

(   )

정사각형과 마름모의 변의 길이를 이용하여 삼각형 ㄱㄹㅂ이 어떤 삼각형인지 알아봅니다.

경시 문제 맛보기

4 오른쪽과 같이 직사각형 모양의 종이를 접었습니다. 각 ㅇㅂㅁ의 크기를 구해 보세요.

( )

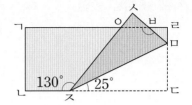

종이를 접었을 때 접은 각도와 접힌 각도는 같습니다.

경시 문제 맛보기

5 오른쪽 사각형 ㄱㄴㄷㄹ은 마름모이고 사각형 ㄱㄷㅁㄹ은 평행사변형입니다. 각 ㄴㄱㄹ의 크기를 구해 보세요.

( )

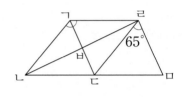

마름모와 평행사변형의 성질을 이용하여 삼각형 ㄹㄷㅁ이 어떤 삼각형인지 알아봅니다.

창의·융합 UP

6 콩고 공화국(Republic of the Congo)은 아프리카 대륙의 중서부, 대서양 연안에 있는 나라로 수도는 브라자빌입니다. 다음은 재민이가 그린 콩고 공화국의 국기입니다. 이등변삼각형 2개와 평행사변형을 겹치지 않게 이어 붙여서 그렸다면 사각형 ㄱㄴㄷㄹ의 네 변의 길이의 합은 몇 cm일까요?

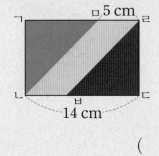

( )

콩고 공화국의 국기는 초록, 노랑, 빨강의 3색기로써, 이 3색은 에티오피아와 가나에서 최초로 사용한 것으로 아프리카에서 많이 볼 수 있는 색깔입니다.

1 사각형 ㄱㄴㄷㄹ에서 직선 가에 수직인 변을 모두 찾아 써 보세요.

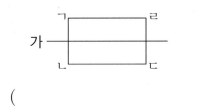

(   )

2 점 ㄱ을 지나고 직선 가에 대한 수선은 몇 개 그을 수 있을까요?

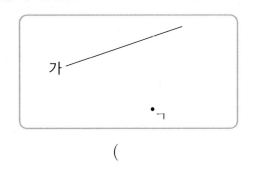

(   )

3 서로 평행한 직선은 모두 몇 쌍일까요?

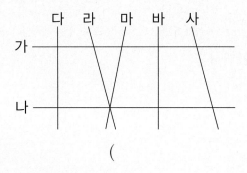

(   )

4 도형에서 평행한 변이 가장 많은 것부터 차례로 기호를 써 보세요.

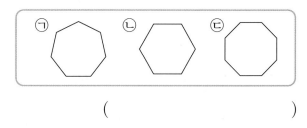

(   )

5 도형에서 평행선을 찾아 평행선 사이의 거리를 재어 보세요.

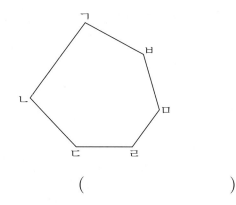

(   )

6 평행선 사이의 거리가 2 cm가 되도록 주어진 직선과 평행한 직선 2개를 그어 보고, 그은 두 직선 사이의 거리는 몇 cm인지 구해 보세요.

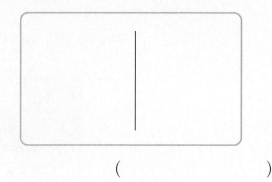

(   )

7 어떤 사각형에 대한 설명일까요?

> • 마주 보는 두 쌍의 변이 서로 평행합니다.
> • 네 각의 크기가 모두 같습니다.
> • 네 변의 길이가 모두 같습니다.

( )

8 길이가 48 cm인 철사를 겹치지 않게 모두 사용하여 마름모를 한 개 만들었습니다. 마름모의 한 변의 길이는 몇 cm일까요?

( )

9 잘못 설명한 사람의 이름을 써 보세요.

> 한 점을 지나고 한 직선에 대한 수선은 1개야. — 두리

> 유림 — 한 직선에 평행한 직선도 1개야.

> 평행한 두 직선 사이에 수선을 여러 개 그을 수 있지만 그 길이는 모두 같아. — 기하

( )

10 사다리꼴을 한 번만 잘라 네 변의 길이의 합이 가장 큰 평행사변형을 만들면 남는 도형의 모든 변의 길이의 합은 몇 cm일까요?

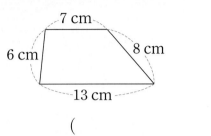

( )

11 칠교판은 다음과 같이 7개의 도형으로 이루어져 있습니다. 이 중에서 수직인 변과 평행한 변이 모두 있는 도형을 찾아 기호를 써 보세요.

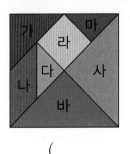

( )

12 직선 가, 직선 나, 직선 다, 직선 라는 서로 평행합니다. 직선 나와 직선 다 사이의 거리는 몇 cm일까요?

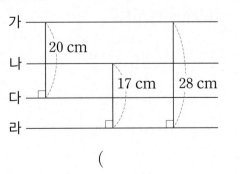

( )

13 사각형 ㄱㄴㄷㄹ은 마름모입니다. 각 ㄹㅁㅂ의 크기를 구해 보세요.

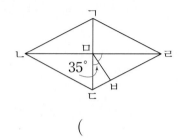

(   )

14 사각형 ㄱㄴㄷㄹ은 사다리꼴입니다. 각 ㅁㄹㄷ의 크기를 구해 보세요.

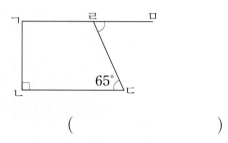

(   )

15 오른쪽 사각형 ㄱㄴㄷㄹ은 마름모입니다. 각 ㄷㄴㄹ의 크기를 구해 보세요.

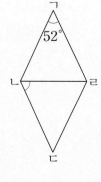

(   )

16 직선 가와 직선 나는 서로 평행합니다. 각 ㄱㄴㄷ의 크기를 구해 보세요.

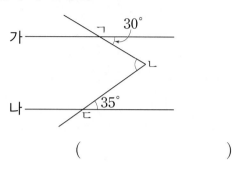

(   )

17 직사각형 모양의 종이를 다음과 같이 접었습니다. ㉠의 각도를 구해 보세요.

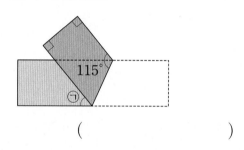

(   )

18 사각형 ㄱㄴㄷㄹ은 평행사변형입니다. 선분 ㄴㅁ과 선분 ㄷㅁ의 길이가 같을 때 각 ㄱㄹㄴ의 크기를 구해 보세요.

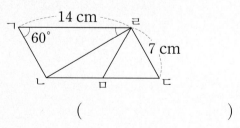

(   )

서술형 문제

19 오른쪽 평행사변형의 네 변의 길이의 합은 30 cm입니다. 변 ㄱㄹ의 길이는 몇 cm인지 풀이 과정을 쓰고 답을 구해 보세요.

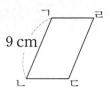

풀이 _____

_____

_____

답 _____

20 오른쪽 도형에서 ㉠의 각도를 구하려고 합니다. 풀이 과정을 쓰고 답을 구해 보세요.

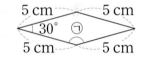

풀이 _____

_____

_____

답 _____

21 오른쪽 그림에서 직선 가와 직선 나는 서로 평행합니다. 직선 라가 직선 가에 대한 수선일 때, ㉠의 각도를 구하는 풀이 과정을 쓰고 답을 구해 보세요.

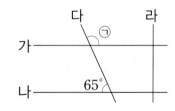

풀이 _____

_____

_____

답 _____

22 정사각형, 정삼각형, 마름모를 겹치지 않게 이어 붙여서 만든 도형입니다. 빨간색 선의 길이는 몇 cm인지 풀이 과정을 쓰고 답을 구해 보세요.

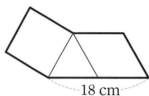

18 cm

풀이

답

23 사각형 ㄱㄴㄷㄹ은 사다리꼴입니다. 선분 ㅁㄷ의 길이는 몇 cm인지 풀이 과정을 쓰고 답을 구해 보세요.

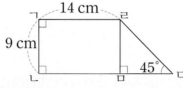

14 cm

9 cm

45°

풀이

답

5

꺾은선그래프

5 꺾은선그래프

1 꺾은선그래프 알아보기

꺾은선그래프: 수량을 점으로 표시하고, 그 점들을 선분으로 이어 그린 그래프

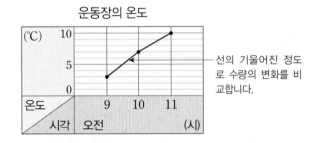

선의 기울어진 정도로 수량의 변화를 비교합니다.

2 꺾은선그래프를 보고 내용 알아보기

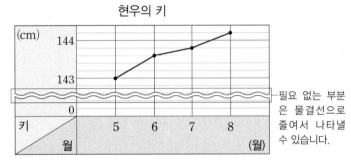

필요 없는 부분은 물결선으로 줄여서 나타낼 수 있습니다.

- 가로는 월을, 세로는 키를 나타냅니다.
- 세로 눈금 한 칸은 0.2 cm를 나타냅니다.
- 물결선(≈)이 있고, 물결선 위로 143 cm부터 시작합니다.
- 5월부터 8월까지 키가 계속해서 자라고 있으므로 9월에도 키가 자랄 것으로 예상할 수 있습니다.
- 키가 가장 많이 자란 때는 5월과 6월 사이입니다.
  └→ 선이 가장 많이 기울어져 있습니다.
- 키가 가장 적게 자란 때는 6월과 7월 사이입니다.
  └→ 선이 가장 적게 기울어져 있습니다.

3 꺾은선그래프 그리기

① 가로와 세로 중 어느 쪽에 조사한 수를 나타낼 것인지 정합니다.
② 눈금 한 칸의 크기를 정하고, 조사한 수 중에서 가장 큰 수를 나타낼 수 있도록 눈금의 수를 정합니다.
③ 가로 눈금과 세로 눈금이 만나는 자리에 점을 찍고, 그 점들을 선분으로 잇습니다.
④ 꺾은선그래프에 알맞은 제목을 붙입니다.

참고 물결선을 사용한 꺾은선그래프로 나타낼 때에는 눈금 한 칸의 크기를 정한 다음 물결선으로 줄여서 나타낼 부분을 정합니다.

다음에 배울 내용

5-2 6. 평균과 가능성

▶ 평균
각 자료의 값을 모두 더하여 자료의 수로 나눈 값을 그 자료를 대표하는 값으로 정하면 편리합니다. 이 값을 평균이라고 합니다.

예 15, 20, 30, 35의 평균
(평균)=(15+20+30+35)÷4
=25

▶ 사건이 일어날 가능성
사건이 일어날 가능성을 표현하는 방법은 다음과 같습니다.
① 가능하다.
② 불가능하다.
③ 확실하다.
④ 불확실하다.
⑤ 반반이다.

예 • 내일 비가 올 가능성은 반반입니다.
• 내일 해가 동쪽에서 뜰 가능성은 확실합니다.
• 내일 도서관에 갈 가능성은 불확실합니다.

지훈이가 강낭콩을 키우면서 일주일 간격으로 강낭콩의 키를 재어 나타낸 꺾은선그래프입니다. 물음에 답하세요. (1~3)

강낭콩 키

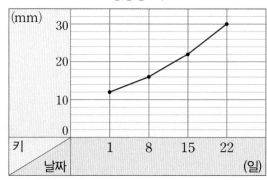

꺾은선그래프 알아보기

1 세로 눈금 한 칸은 몇 mm를 나타낼까요?

(   )

꺾은선그래프를 보고 내용 알아보기

2 강낭콩의 키가 가장 많이 자란 때는 며칠과 며칠 사이일까요?

(   )

꺾은선그래프를 보고 내용 알아보기

3 18일에 강낭콩의 키는 몇 mm일까요?

(   )

재민이가 4일 동안 운동한 시간을 기록한 표를 보고 꺾은선그래프로 나타내려고 합니다. 물음에 답하세요. (4~6)

운동한 시간

요일	월	화	수	목
시간(분)	31	33	38	

운동한 시간

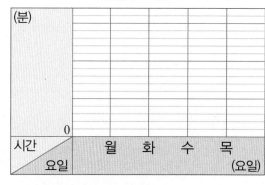

꺾은선그래프를 보고 내용 알아보기

4 목요일에는 수요일보다 운동을 3분 적게 했습니다. 목요일에 운동한 시간은 몇 분일까요?

(   )

꺾은선그래프 그리기

5 물결선(≈)을 사용하여 꺾은선그래프로 나타내려고 합니다. 세로 눈금은 물결선 위로 몇 분부터 시작하면 좋을지 쓰고, 물결선을 그려 보세요.

(   )

꺾은선그래프 그리기

6 꺾은선그래프로 나타내어 보세요.

1 꺾은선그래프의 내용 알아보기

대표문제 오른쪽은 어느 가게의 날짜별 사과 판매량을 조사하여 나타낸 꺾은선그래프입니다. 사과 판매량이 가장 많은 날과 가장 적은 날의 판매량의 차는 몇 개일까요?

사과 판매량

(개)

(
)

풀이		
[1단계] 세로 눈금 한 칸의 크기 구하기	세로 눈금 5칸이 ☐ 개를 나타내므로 세로 눈금 한 칸은 ☐ ÷5= ☐ (개)를 나타냅니다.	
[2단계] 사과 판매량이 가장 많은 날과 가장 적은 날의 판매량 구하기	판매량이 가장 많은 날은 ☐ 일이고 판매량은 ☐ 개입니다. 판매량이 가장 적은 날은 ☐ 일이고 판매량은 ☐ 개입니다.	
[3단계] 판매량의 차 구하기	따라서 사과 판매량이 가장 많은 날과 가장 적은 날의 판매량의 차는 ☐ − ☐ = ☐ (개)입니다.	

유제 1 진영이가 5일 동안 100 m 달리기 최고 기록을 재어 나타낸 꺾은선그래프입니다. 기록이 가장 높은 때와 가장 낮은 때의 기록의 차는 몇 초일까요?

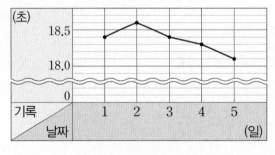

100 m 달리기 기록

(
)

② 변화량 알아보기

대표문제 오른쪽은 어느 배에서 날짜별로 잡은 오징어 수확량을 조사하여 나타낸 꺾은선그래프입니다. 오징어 수확량의 변화가 가장 큰 때는 어떻게 변했는지 써 보세요.

(   )

오징어 수확량

(kg)

[1단계] 세로 눈금 한 칸의 크기 구하기	세로 눈금 5칸이 ☐ kg을 나타내므로 세로 눈금 한 칸은 ☐ ÷5= ☐ (kg)을 나타냅니다.	
[2단계] 수확량의 변화가 가장 큰 때 구하기	선이 가장 많이 기울어진 때는 ☐ 일과 ☐ 일 사이이므로 오징어 수확량의 변화가 가장 큰 때는 ☐ 일과 ☐ 일 사이 입니다.	
[3단계] 변화량 구하기	오징어 수확량의 변화가 가장 큰 때의 세로 눈금의 차는 ☐ 칸이 므로 수확량은 ☐ kg 줄었습니다.	

유제 2 지호가 5일 동안 돌린 훌라후프 횟수를 조사하여 나타낸 꺾은선그래프입니다. 훌라후프 횟수의 변화가 가장 적은 때는 어떻게 변했는지 써 보세요.

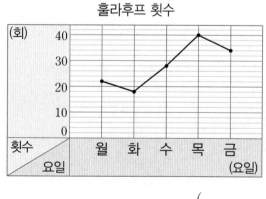

훌라후프 횟수

(   )

❸ 꺾은선그래프에서 중간의 값 어림하여 예상하기

대표문제 오른쪽은 민성이의 몸무게를 매년 1월에 조사하여 나타낸 꺾은선그래프입니다. 6살에 7월의 몸무게는 몇 kg이었는지 예상해 보세요.

(   )

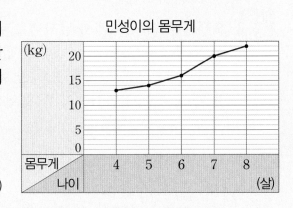

민성이의 몸무게

	풀이	
[1단계] 6살, 7살의 1월 몸무게 구하기	세로 눈금 한 칸은 ☐ kg을 나타냅니다. 6살의 1월 몸무게는 ☐ kg입니다. 7살의 1월 몸무게는 ☐ kg입니다.	
[2단계] 6살의 7월 몸무게 어림하기	6살의 7월 몸무게는 6살 1월과 7살 1월 몸무게의 ☐ 으로 어림할 수 있습니다.	
[3단계] 6살의 7월 몸무게 예상하기	따라서 6살의 7월 몸무게는 ☐ kg과 ☐ kg의 중간이므로 ☐ kg이었을 것이라고 예상할 수 있습니다.	

유제 ❸ 현우가 양파를 키우면서 5일 간격으로 양파 뿌리의 길이를 재어 나타낸 꺾은선그래프입니다. 15일에 양파 뿌리의 길이는 몇 mm였는지 예상해 보세요.

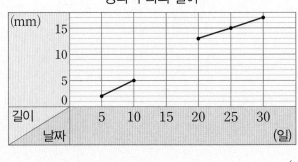

양파 뿌리의 길이

(   )

4 두 꺾은선그래프 비교하기

대표 문제 5월 한 달 동안 어느 지역의 해 뜨는 시각과 해 지는 시각을 조사하여 나타낸 꺾은선그래프입니다. 29일의 해 뜨는 시각과 해 지는 시각은 언제라고 예상할 수 있을까요?

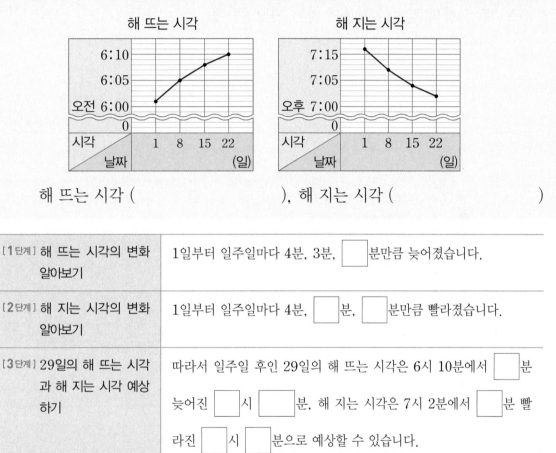

해 뜨는 시각 (   ), 해 지는 시각 (   )

풀이		
[1단계] 해 뜨는 시각의 변화 알아보기	1일부터 일주일마다 4분, 3분, ☐분만큼 늦어졌습니다.	
[2단계] 해 지는 시각의 변화 알아보기	1일부터 일주일마다 4분, ☐분, ☐분만큼 빨라졌습니다.	
[3단계] 29일의 해 뜨는 시각과 해 지는 시각 예상하기	따라서 일주일 후인 29일의 해 뜨는 시각은 6시 10분에서 ☐분 늦어진 ☐시 ☐분, 해 지는 시각은 7시 2분에서 ☐분 빨라진 ☐시 ☐분으로 예상할 수 있습니다.	

유제 4 서로 다른 용수철 가와 나에 각각 10 g짜리 추를 매달아 변화한 길이를 조사하여 나타낸 꺾은선그래프입니다. 10 g짜리 추를 5개 매달았을 때 가 용수철과 나 용수철의 변화한 길이는 약 몇 mm라고 예상할 수 있을까요?

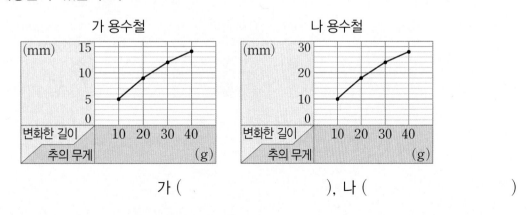

가 (   ), 나 (   )

5 두 개의 꺾은선그래프 알아보기

대표
문제 오른쪽은 은석이와 두영이의 턱걸이 기록을 조사하여 나타낸 꺾은선그래프입니다. 두 사람의 턱걸이 기록의 차가 가장 큰 때의 기록의 차는 몇 번일까요?

( )

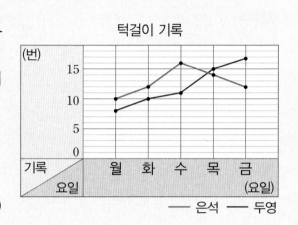

턱걸이 기록

— 은석 — 두영

풀이		
[1단계] 두 사람의 기록의 차가 가장 큰 때 알아보기	기록의 차가 가장 큰 때는 두 그래프 사이의 간격이 가장 넓은 때이므로 ☐ 요일입니다.	
[2단계] 두 사람의 기록의 차가 가장 큰 요일의 기록 알아보기	☐ 요일에 은석이의 기록은 ☐ 번이고, 두영이의 기록은 ☐ 번입니다.	
[3단계] 기록의 차가 가장 큰 때의 기록의 차 구하기	두 사람의 기록의 차가 가장 큰 때의 기록의 차는 ☐ − ☐ = ☐ (번)입니다.	

유제 5 운동장과 교실에서 하루의 온도를 조사하여 나타낸 꺾은선그래프입니다. 운동장과 교실의 온도의 차가 가장 큰 때의 온도의 차는 몇 ℃일까요?

하루의 온도

( )

STEP 2 고수 실전문제

◈ 어느 미술관에 방문한 어린이 수를 조사하여 나타낸 꺾은선그래프입니다. 수요일에 방문한 어린이는 화요일에 방문한 어린이보다 40명 적습니다. 물음에 답하세요. (1~3)

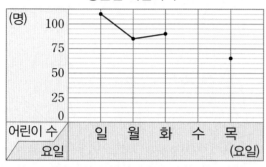

방문한 어린이 수

1 꺾은선그래프를 완성해 보세요.

2 전날에 비해 방문한 어린이 수가 늘어난 날은 무슨 요일인지 모두 써 보세요.

( )

3 방문한 어린이들에게 초콜릿을 3개씩 나누어 주었다면 5일 동안 나누어 준 초콜릿은 모두 몇 개일까요?

( )

◈ 어느 날 운동장의 온도를 2시간마다 조사하여 나타낸 꺾은선그래프입니다. 물음에 답하세요.
(4~5)

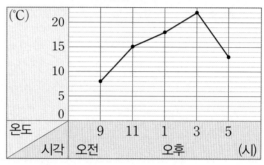

운동장의 온도

4 조사한 시간 동안 최고 온도와 최저 온도의 차는 몇 ℃일까요?

( )

5 오전 11시와 온도가 같은 때는 몇 시와 몇 시 사이일까요?

( )

6 강당의 온도를 조사하여 나타낸 꺾은선그래프입니다. 온도가 12 ℃인 시각은 몇 시 몇 분이라고 할 수 있을까요?

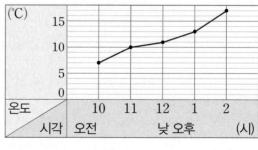

강당의 온도

( )

7 호준이의 키를 조사하여 나타낸 꺾은선그래프
입니다. 다음 해 1월의 호준이의 키는 몇 cm
가 될까요?

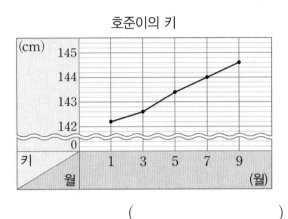

호준이의 키

(   )

8 어느 마을의 남녀 초등학생 수를 조사하여 나
타낸 꺾은선그래프입니다. 남학생 수가 전년도
에 비해 가장 많이 줄었을 때 여학생 수는 몇
명 줄었는지 구해 보세요.

남녀 초등학생 수

― 남학생 ― 여학생

(   )

◉ 수아와 두리가 5월과 9월에 하루 최고 기온을
조사하여 꺾은선그래프로 나타냈습니다. 물음
에 답하세요. (9~11)

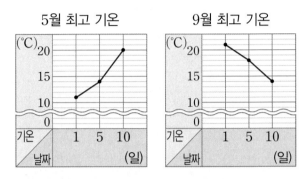

5월 최고 기온   9월 최고 기온

9 5월 10일과 9월 10일 이후에 최고 기온이 각
각 어떻게 변할 것이라고 예상할 수 있을까요?

5월 (   )

9월 (   )

10 수아의 설명을 읽고 꺾은선그래프의 변화에 따
라 변한 5월 15일의 최고 기온을 예상해 보세요.

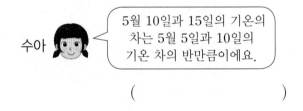

수아 — 5월 10일과 15일의 기온의
차는 5월 5일과 10일의
기온 차의 반만큼이에요.

(   )

11 두리의 설명을 읽고 꺾은선그래프의 변화에 따
라 변한 9월 15일의 최고 기온을 예상해 보세요.

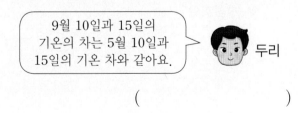

9월 10일과 15일의
기온의 차는 5월 10일과
15일의 기온 차와 같아요. — 두리

(   )

12 두 식물의 키를 조사하여 나타낸 꺾은선그래프입니다. 두 식물의 키는 몇 월에 같아지게 될 것이라고 예상할 수 있을까요?

식물의 키

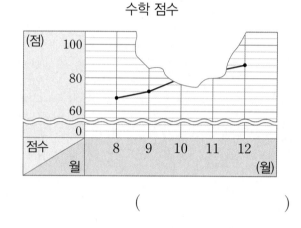

(   )

중요
⑬ 어느 가게의 커피 판매량을 조사하여 나타낸 꺾은선그래프입니다. 이 꺾은선그래프를 세로 눈금 한 칸이 6잔인 꺾은선그래프로 다시 그린다면 4월과 5월의 세로 눈금의 차는 몇 칸이 될까요?

커피 판매량

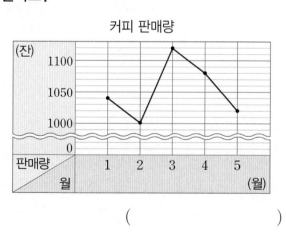

(   )

14 준호의 수학 점수를 조사하여 나타낸 꺾은선그래프의 일부분이 찢어졌습니다. 8월부터 12월까지 수학 점수의 합은 404점이고, 10월의 수학 점수는 11월의 수학 점수보다 8점 낮다면 세 번째로 높은 점수는 몇 점일까요?

수학 점수

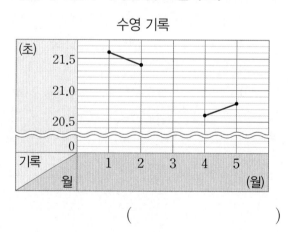

(   )

15 수영 선수인 지훈이의 월별 최고 기록을 조사하여 나타낸 꺾은선그래프입니다. 지훈이의 기록은 1월부터 4월까지 계속 좋아졌습니다. 3월과 4월 사이의 변화량이 2월과 3월 사이 변화량의 3배일 때 3월의 기록은 몇 초일까요?

수영 기록

(   )

◉ 어느 달의 최저 기온을 2일마다 조사하여 나타낸 꺾은선그래프입니다.
물음에 답하세요. (1~2)

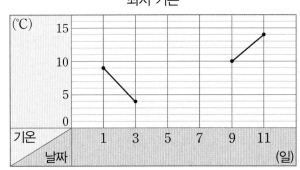

최저 기온

1 3일에서 9일까지 최저 기온이 일정하게 변화했다면 5일과 7일
의 최저 기온은 각각 몇 ℃일까요?

5일 (   ), 7일 (   )

기온이 일정하게 변한 경우 기온의
차는 일정합니다.

2 하루의 최저 기온과 최고 기온의 차를 기온의 일교차라고 합니다.
10일의 일교차가 6 ℃일 때, 최고 기온은 몇 ℃일까요?

(   )

최고 기온은 최저 기온과 일교차의
합입니다.

3 유정이가 5일 동안 줄넘기를 넘은 시간을 조사하였더니 매일 전
날에 비해 6분씩 늘어났습니다. 20일에 줄넘기를 넘은 시간이
21분일 때 5일 동안 줄넘기를 넘은 시간을 꺾은선그래프로 나
타내어 보세요.

먼저 20일에 21분을 나타내어 보고,
매일 전날에 비해 6분씩 늘어나는
시간을 꺾은선그래프로 나타내어 봅
니다.

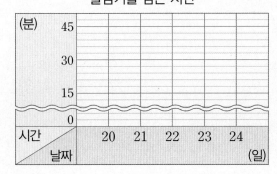

줄넘기를 넘은 시간

경시 문제 맛보기

4 어느 회사의 모자 생산량과 판매량을 매월 마지막 날에 조사하여 나타낸 꺾은선그래프입니다. 모자 한 개의 판매 가격은 5000원입니다. 전달에 비해 생산량은 늘었지만 판매량은 줄어든 달의 판매액은 전달에 비해 얼마가 줄었을까요?

고수 비법

모자 생산량의 선은 오른쪽 위로 올라가고 모자 판매량의 선은 오른쪽 아래로 내려가는 부분을 찾아봅니다.

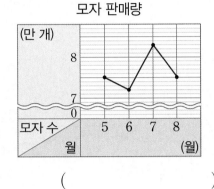

(   )

창의·융합 UP

5 다음은 1단계부터 3단계까지의 전기 기본요금으로 200 kWh 단위로 전기를 많이 사용할수록 기본요금이 많아집니다. 지윤이네 집의 월별 전기 사용량을 조사하여 꺾은선그래프로 나타내었습니다. 7월에는 6월보다 40 kWh 더 많이 사용했고, 5월부터 7월까지의 전기 사용량은 640 kWh입니다. 6월의 전기 사용량을 구하고, 이달의 기본요금은 얼마인지 구해 보세요.

전기요금 누진제는 전기 사용량에 따라 기본 요금을 높이는 제도로, 에너지 절약을 위해 1974년 처음 3단계 구조로 실시되었습니다. 2004년 이후 6단계의 누진 구조로 변경되었다가 2016년 다시 3단계로 축소하여 시행되고 있습니다.

전기 기본요금

구간		기본요금 (원/호)
1	0~ 200 kWh	910
2	201~ 400 kWh	1600
3	400 kWh~	7300

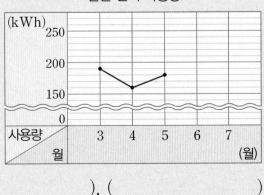

월별 전기 사용량

(   ), (   )

⬢ 어느 지역의 월별 강수량을 조사하여 나타낸 막대그래프와 꺾은선그래프입니다. 그래프를 보고 물음에 답하세요. (1~3)

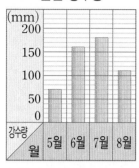
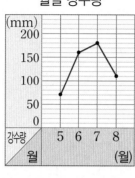

1 강수량의 변화를 한눈에 알아보기 쉬운 그래프는 어느 것일까요?

(   )

2 강수량이 가장 많을 때와 가장 적을 때의 강수량의 차는 몇 mm일까요?

(   )

3 강수량이 줄어든 때는 몇 월과 몇 월 사이일까요?

(   )

⬢ 우중이가 키우는 고양이의 무게를 매월 1일에 조사하여 나타낸 꺾은선그래프입니다. 물음에 답하세요. (4~6)

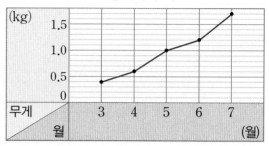

4 고양이 무게의 변화가 가장 큰 때의 변화량은 몇 kg일까요?

(   )

5 조사한 기간 동안 늘어난 고양이의 무게는 몇 kg일까요?

(   )

중요 6 4월 15일의 고양이의 무게는 몇 kg이었을지 예상해 보세요.

(   )

◈ 어느 과수원의 연도별 감 생산량을 조사하여 나타낸 꺾은선그래프입니다. 물음에 답하세요.

(7~9)

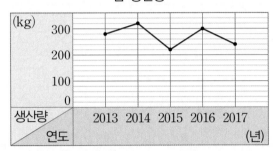

7 2016년 감 생산량은 2015년보다 몇 kg 더 늘어났을까요?

( )

중요
8 생산량의 변화가 가장 큰 때의 변화량만큼 2017년과 2018년 사이에 생산량이 늘어났습니다. 2018년의 감 생산량은 몇 kg일까요?

( )

9 2018년에 생산한 감을 한 상자에 10 kg씩 담아 20000원에 팔았습니다. 감을 모두 판 돈은 얼마일까요?

( )

◈ 도서관에 요일별로 방문한 학생 수를 조사하여 나타낸 꺾은선그래프입니다. 물음에 답하세요.

(10~12)

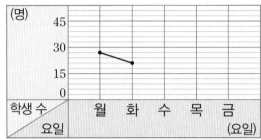

10 금요일에 도서관에 방문한 학생은 월요일보다 18명 많습니다. 금요일에 방문한 학생은 몇 명일까요?

( )

11 월요일부터 금요일까지 방문한 학생은 모두 159명이고, 수요일과 목요일에 방문한 학생 수는 같습니다. 수요일에 방문한 학생은 몇 명일까요?

( )

12 꺾은선그래프를 완성해 보세요.

◈ 어느 장난감 회사의 장난감 생산량과 판매량을 조사하여 나타낸 꺾은선그래프입니다. 물음에 답하세요. (13~15)

장난감 생산량

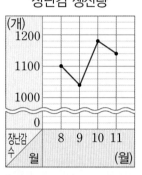

장난감 판매량

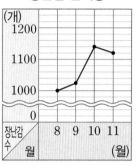

13 전달에 비해 생산량은 줄어들었으나 판매량은 늘어난 달은 몇 월일까요?

( )

14 네 달 동안 이 회사에서 만든 장난감 중 팔리지 않고 남아 있는 장난감은 모두 몇 개일까요?

( )

15 12월에는 11월보다 2000개 더 많이 생산하였는데 부족하여 네 달 동안 팔고 남은 장난감까지 모두 판매하였습니다. 12월의 판매량은 몇 개일까요?

( )

◈ 다영이와 가민이의 몸무게를 월별로 조사하여 나타낸 꺾은선그래프입니다. 물음에 답하세요.
(16~17)

몸무게

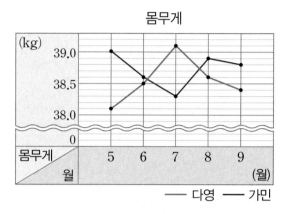

— 다영 — 가민

16 다영이의 몸무게가 가장 무거울 때 가민이의 몸무게는 몇 kg일까요?

( )

17 두 사람의 몸무게는 몇 번 같아졌을까요?

( )

창의·융합 수학＋과학

18 동지는 일 년 중 밤의 길이가 가장 긴 날입니다. 동지가 포함된 12월에 5일 동안의 낮의 길이를 조사하여 꺾은선그래프로 나타냈습니다. 동지의 밤의 길이는 몇 시간 몇 분인지 구해 보세요.

낮의 길이

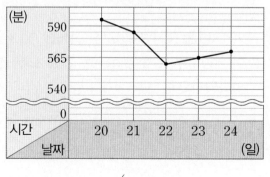

( )

19 승민이가 식물을 키우면서 일주일마다 키를 재어 나타낸 꺾은선그래프입니다. 조사한 기간 동안 이 식물은 몇 cm 자랐는지 풀이 과정을 쓰고 답을 구해 보세요.

식물의 키

풀이 _____

_____

_____

답 _____

20 어느 출판사에서 연도별 책 판매량을 조사하여 나타낸 꺾은선그래프입니다. 판매량의 변화가 가장 큰 때는 어떻게 변화했는지 풀이 과정을 쓰고 답을 구해 보세요.

연도별 책 판매량

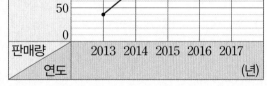

풀이 _____

_____

_____

답 _____

21 감기에 걸린 지우의 체온 변화를 3일 동안 조사하여 나타낸 꺾은선그래프입니다. 체온의 변화가 없다가 시각이 지나면서 빠르게 내려온 날 오후 6시쯤의 체온은 몇 ℃였을지 풀이 과정을 쓰고 답을 구해 보세요.

5일 지우의 체온   6일 지우의 체온   7일 지우의 체온

풀이	

답	

22 어느 지역의 평균 기온과 수온을 조사하여 나타낸 꺾은선그래프입니다. 기온과 수온의 차가 가장 큰 때의 온도 차는 몇 ℃인지 풀이 과정을 쓰고 답을 구해 보세요.

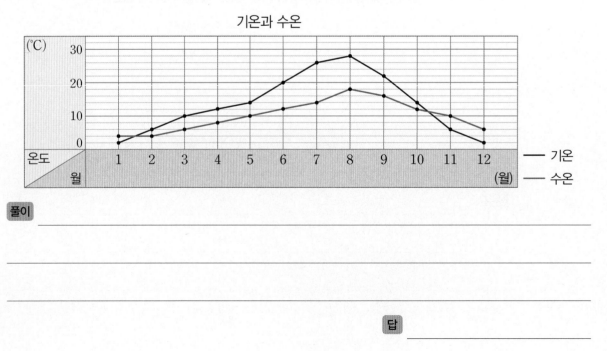

기온과 수온

풀이	

답	

6

다각형

다각형

1 다각형과 정다각형

- 다각형: 선분으로만 둘러싸인 도형
  ⇨ 다각형은 변의 수에 따라 변이 6개이면 육각형, 변이 7개이면 칠각형, 변이 8개이면 팔각형이라고 부릅니다.
- 정다각형: 변의 길이가 모두 같고, 각의 크기가 모두 같은 다각형
  ⇨ 정다각형은 변의 수에 따라 변이 3개이면 정삼각형, 변이 4개이면 정사각형, 변이 5개이면 정오각형이라고 부릅니다.

  참고
  - 직사각형은 각의 크기가 모두 같으나 변의 길이가 모두 같지 않기 때문에 정다각형이 아닙니다.
  - 마름모는 변의 길이가 모두 같으나 각의 크기가 모두 같지 않기 때문에 정다각형이 아닙니다.

2 대각선

대각선: 다각형에서 선분 ㄱㄷ, 선분 ㄴㄹ과 같이 서로 이웃하지 않는 두 꼭짓점을 이은 선분

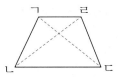

참고
- 삼각형은 꼭짓점 3개가 서로 이웃하므로 대각선을 그을 수 없습니다.

- 사각형에서 대각선의 성질
  ① 두 대각선의 길이가 같은 사각형 ⇨ 직사각형, 정사각형
  ② 두 대각선이 서로 수직으로 만나는 사각형 ⇨ 마름모, 정사각형
  ③ 한 대각선이 다른 대각선을 반으로 나누는 사각형
     ⇨ 평행사변형, 마름모, 직사각형, 정사각형

3 모양 만들기

모양 조각을 사용하여 여러 가지 모양을 만들 수 있습니다.

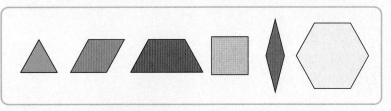

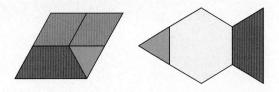

다음에 배울 내용

5-2 5. 직육면체

▶ 면, 모서리, 꼭짓점

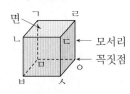

- 면: 직사각형 ㄱㄴㄷㄹ과 같이 선분으로 둘러싸인 부분
- 모서리: 면과 면이 만나는 선분
- 꼭짓점: 모서리와 모서리가 만나는 점

▶ 직육면체와 정육면체
- 직육면체: 직사각형 모양의 면 6개로 둘러싸인 도형
- 정육면체: 정사각형 모양의 면 6개로 둘러싸인 도형

직육면체   정육면체

참고 정육면체는 직육면체라고 할 수 있습니다.

그림을 보고 물음에 답하세요. (1~2)

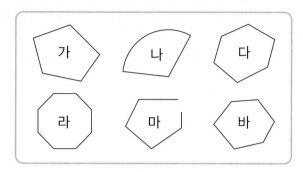

다각형
1 다각형을 모두 찾아 기호를 써 보세요.

(   )

정다각형
2 정다각형을 찾아 기호를 쓰고, 이름을 써 보세요.

(   ), (   )

다각형
3 점 종이에 그려진 선분을 이용하여 칠각형을 완성해 보세요.

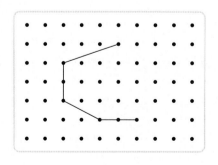

정다각형
4 정육각형입니다. □ 안에 알맞은 수를 써넣으세요.

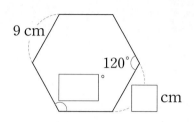

대각선
5 도형에 대각선을 모두 그어 보세요.

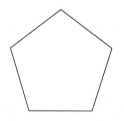

모양 만들기
6 모양 조각으로 만든 모양입니다. 사용한 다각형의 이름을 모두 써 보세요.

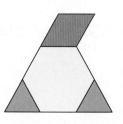

(   )

대표유형문제

1 다각형과 정다각형 알아보기

대표문제 다음은 어떤 도형에 대한 설명인지 써 보세요.

> • 선분으로만 둘러싸여 있습니다.
> • 변이 9개입니다.

(   )

풀이		
[1단계] 조건에 맞는 도형 알아보기	선분으로만 둘러싸인 도형은 [ ] 입니다.	
[2단계] 어떤 도형인지 쓰기	변이 9개인 도형이므로 [ ] 입니다.	

유제 1 지원이와 현석이가 설명하는 도형의 이름을 써 보세요.

선분으로만 둘러싸여 있는 도형이네!

지원

꼭짓점이 15개야.

현석

(   )

유제 2 다음은 어떤 도형에 대한 설명인지 써 보세요.

> • 선분으로만 둘러싸여 있습니다.
> • 변이 10개입니다.
> • 변의 길이와 각의 크기가 모두 같습니다.

(   )

2 변의 길이 구하기

 대표문제 한 변의 길이가 같은 정사각형과 정삼각형을 겹치지 않게 이어 붙인 도형입니다. 도형에서 초록색 선의 길이는 몇 cm일까요?

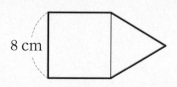

8 cm

( )

| 풀이 |

[1단계] 정사각형과 정삼각형의 한 변의 길이 구하기	정사각형과 정삼각형의 한 변의 길이가 같으므로 정사각형과 정삼각형의 한 변의 길이는 각각 ☐ cm입니다.
[2단계] 초록색 선의 길이와 다각형의 한 변의 길이의 관계 알아보기	초록색 선의 길이는 정사각형과 정삼각형의 한 변의 길이의 ☐ 배와 같습니다.
[3단계] 초록색 선의 길이 구하기	따라서 초록색 선의 길이는 ☐ × ☐ = ☐ (cm)입니다.

 유제 3 한 변의 길이가 같은 정오각형과 정사각형을 겹치지 않게 이어 붙인 도형입니다. 도형에서 보라색 선의 길이는 몇 cm일까요?

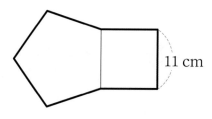

11 cm

( )

Up 유제 4 한 변의 길이가 같은 정삼각형, 정사각형, 정육각형 모양 조각을 겹치지 않게 이어 붙여서 만든 도형입니다. 빨간색 선의 길이가 45 cm일 때 모양 조각의 한 변의 길이는 몇 cm일까요?

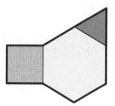

( )

3 대각선의 개수 구하기

대표문제 오른쪽 육각형에 그을 수 있는 대각선은 모두 몇 개일까요?

(   )

풀이		
[1단계] 한 꼭짓점에서 그을 수 있는 대각선의 수 구하기	육각형의 주어진 점에서 대각선을 그어 보면 한 꼭짓점에서 그을 수 있는 대각선은 ☐ 개입니다.	
[2단계] 각 꼭짓점에서 그을 수 있는 대각선의 수의 합 구하기	육각형의 6개의 꼭짓점에서 그을 수 있는 대각선을 모두 그어 보면 ☐ $\times 6 =$ ☐ (개)입니다.	
[3단계] 육각형에 그을 수 있는 대각선의 수 구하기	6개의 꼭짓점에서 그은 대각선은 각각 두 번씩 센 것이므로 육각형에 그을 수 있는 대각선은 모두 ☐ $\div 2 =$ ☐ (개)입니다.	

유제 5 오른쪽 팔각형에 그을 수 있는 대각선은 모두 몇 개일까요?

(   )

Up 유제 6 선우가 칠판에 다각형을 그리고 그 다각형에 그릴 수 있는 모든 대각선을 그었더니 14개였습니다. 선우가 그린 다각형은 무엇일까요?

(   )

4 정다각형의 한 각의 크기 구하기

대표문제 오른쪽 정오각형의 한 각의 크기를 구해 보세요.

( )

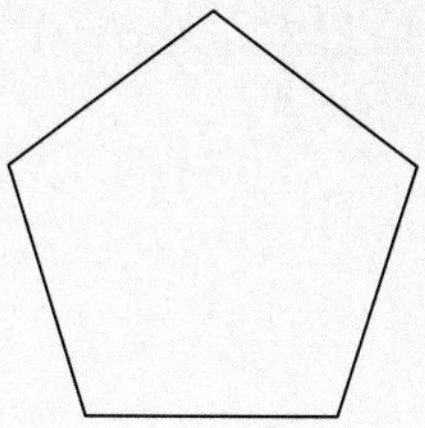

풀이		
[1단계] 정오각형을 삼각형으로 나누기	정오각형의 주어진 점에서 대각선을 그어 보면 삼각형 ☐ 개로 나눠집니다. 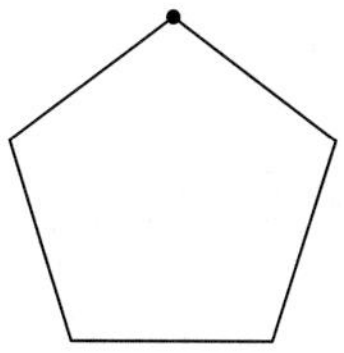	
[2단계] 정오각형의 모든 각의 크기의 합 구하기	삼각형의 세 각의 크기의 합은 180°이므로 정오각형의 다섯 각의 크기의 합은 (삼각형의 세 각의 크기의 합)×☐=180°×☐=☐°입니다.	
[3단계] 정오각형의 한 각의 크기 구하기	정오각형은 다섯 각의 크기가 모두 같으므로 한 각의 크기는 ☐°÷5=☐°입니다.	

유제 7 오른쪽 정팔각형의 한 각의 크기를 구해 보세요.

( )

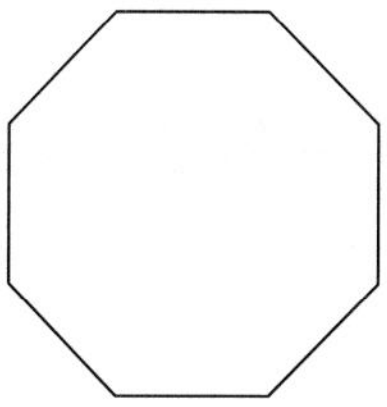

Up
유제 8 오른쪽 정육각형에서 ㉠의 각도를 구해 보세요.

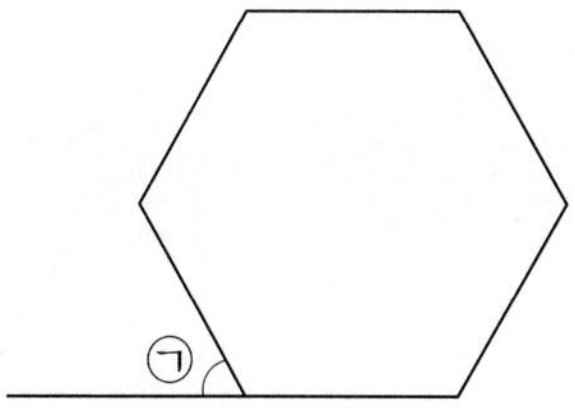

( )

㉠

STEP 1 고수 대표유형문제

정답과 해설 41쪽

5 필요한 모양 조각의 개수 구하기

대표문제 한 가지 모양 조각을 여러 개 사용하여 주어진 모양을 각각 채울 때 필요한 모양 조각 수의 차를 구해 보세요.

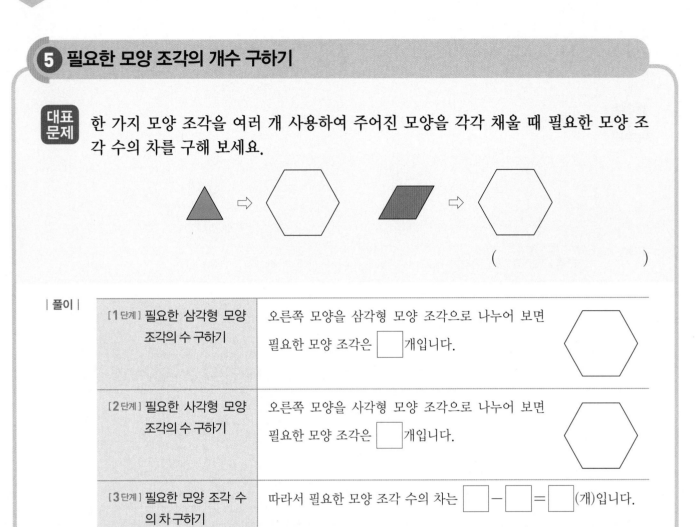

( )

풀이		
[1단계] 필요한 삼각형 모양 조각의 수 구하기	오른쪽 모양을 삼각형 모양 조각으로 나누어 보면 필요한 모양 조각은 ☐ 개입니다.	
[2단계] 필요한 사각형 모양 조각의 수 구하기	오른쪽 모양을 사각형 모양 조각으로 나누어 보면 필요한 모양 조각은 ☐ 개입니다.	
[3단계] 필요한 모양 조각 수의 차 구하기	따라서 필요한 모양 조각 수의 차는 ☐ − ☐ = ☐ (개)입니다.	

유제 9 한 가지 모양 조각을 여러 개 사용하여 주어진 모양을 각각 채울 때 필요한 모양 조각 수의 차를 구해 보세요.

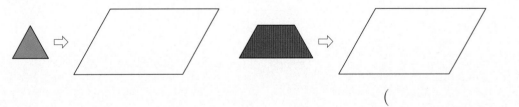

( )

 유제 10 모양 조각으로 오른쪽 모양을 만들었습니다. 이 모양을 모양 조각으로 채우려면 모양 조각은 몇 개 필요할까요?

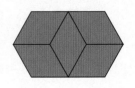

( )

1 그림에서 찾을 수 없는 다각형을 찾아 기호를 써 보세요.

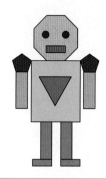

> ㉠ 사각형　　　㉡ 오각형
> ㉢ 육각형　　　㉣ 팔각형

(　　　　　　　)

2 ㉠과 ㉡의 개수의 합은 몇 개일까요?

> ㉠ 정칠각형의 각의 수
> ㉡ 정십이각형의 변의 수

(　　　　　　　)

3 주어진 종이에 한 변이 2 cm인 정육각형과 한 변이 3 cm인 정육각형을 각각 그려 보세요.

1 cm

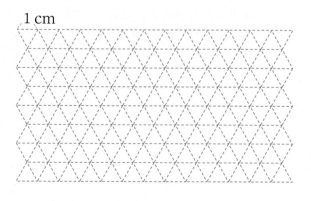

4 마름모 모양을 만드는 데 사용한 다각형의 이름과 개수를 각각 구하세요.

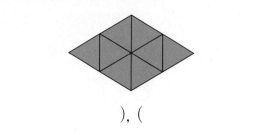

(　　　　　　　), (　　　　　　　)

5 다음 도형은 정사각형입니다. □ 안에 알맞은 수를 써넣으세요.

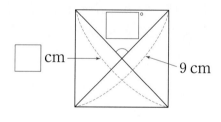

□ cm　　　9 cm

6 기하가 정십각형 모양으로 받침대를 만들었습니다. 받침대의 한 변의 길이는 몇 cm일까요?

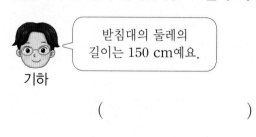

> 받침대의 둘레의 길이는 150 cm예요.

기하

(　　　　　　　)

7 모양 조각으로 만든 팔각형에서 찾을 수 있는 정다각형 모양 조각은 모두 몇 개일까요?

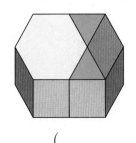

(   )

8 한 변의 길이가 14 cm인 정다각형이 있습니다. 모든 변의 길이의 합이 126 cm일 때, 이 정다각형의 이름을 써 보세요.

(   )

9 마름모와 직사각형에 대각선을 그은 것입니다. ㉠과 ㉡에 알맞은 수를 각각 구해 보세요.

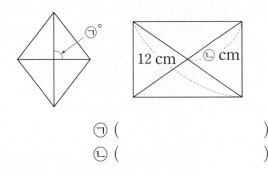

㉠ (   )

㉡ (   )

10 정오각형에서 각 ㄴㄱㄷ의 크기를 구해 보세요.

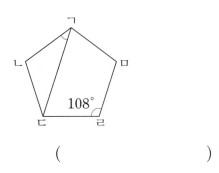

(   )

11 직사각형에 두 대각선을 그은 것입니다. ㉠의 각도를 구해 보세요.

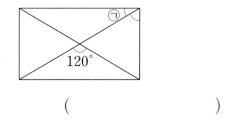

(   )

12 정삼각형과 정육각형을 각각 사용하여 바닥을 빈틈없이 채우려고 합니다. 이때 한 꼭짓점에 맞닿게 놓을 정삼각형과 정육각형은 각각 몇 개일까요?

정삼각형 (   )

정육각형 (   )

13 준영이와 유림이가 가지고 있는 도형에 그을 수 있는 대각선의 수의 차는 몇 개일까요?

나는 꼭짓점이 8개인 다각형이 있어.

난 변이 6개인 다각형이 있어.

준영

유림

(   )

15 조건 을 모두 만족하는 두 정다각형 ㉠과 ㉡의 꼭짓점의 수의 합은 몇 개일까요?

조건
- ㉠과 ㉡의 한 변의 길이는 같습니다.
- ㉠의 모든 변의 길이의 합은 28 cm이고 ㉡의 모든 변의 길이의 합은 40 cm 입니다.
- ㉡이 ㉠보다 꼭짓점이 3개 더 많습니다.

(   )

14 다음 모양 조각 중 한 가지로 주어진 모양을 채울 때 필요한 모양 조각 수가 가장 많을 때와 가장 적을 때의 모양 조각 수의 차는 몇 개일까요?

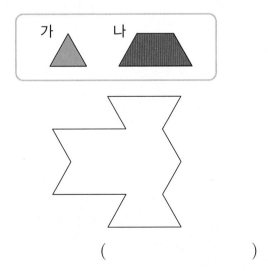

가   나

(   )

16 보기 의 모양 조각을 사용하여 주어진 모양을 채우려고 합니다. 나의 크기가 1이고 다의 크기가 2이면 주어진 모양의 크기는 얼마인지 구해 보세요.

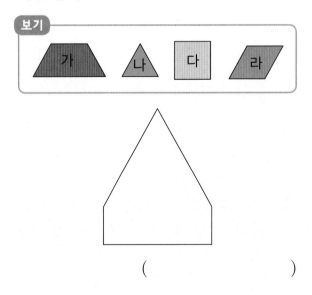

보기
가   나   다   라

(   )

고수 비법

1 왼쪽의 모양 조각으로 빈틈없이 채워서 오른쪽 도형을 만들었습니다. 모양 조각을 몇 개 이용한 것인지 구하고, 오른쪽 도형의 둘레가 72 cm일 때 왼쪽 모양 조각의 둘레는 몇 cm인지 구해 보세요.

모양 조각으로 도형을 채워 봅니다.

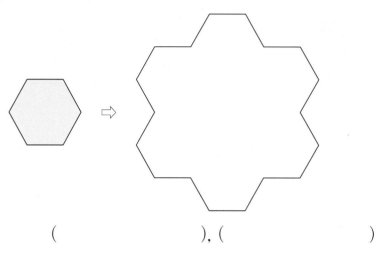

(   ), (   )

2 오른쪽 정육각형에서 각 ㄱㅇㅂ의 크기를 구해 보세요.

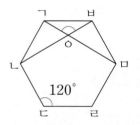

(   )

삼각형 ㄱㄴㅂ에서 각 ㄱㅂㄴ의 크기를 먼저 구해 봅니다.

3 오른쪽 도형은 정오각형입니다. ㉠+㉡+㉢+㉣+㉤의 크기를 구해 보세요.

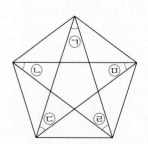

(   )

정오각형의 한 각의 크기를 먼저 구해 봅니다.

경시 문제 맛보기

4 오른쪽 정육각형에서 대각선 ㄱㄷ의 길이는 약 7 cm입니다. 이 정육각형에 그을 수 있는 모든 대각선의 길이의 합은 약 몇 cm일까요?

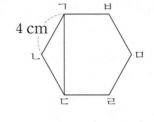

약 (   )

정육각형은 정삼각형 6개로 나누어집니다.

경시 문제 맛보기

5 지윤이는 왼쪽 칠교판 조각을 사용하여 오른쪽 모양을 채우려고 합니다. 채우려는 모양의 크기가 15이면 칠교판 전체의 크기는 얼마인지 구해 보세요.

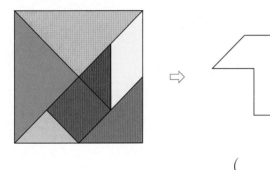

(   )

만들려는 모양을 빨간색 조각으로만 채워 보고 빨간색 조각의 크기를 이용하여 칠교판 전체의 크기를 알아봅니다.

 창의·융합 UP

6 세준이는 종이로 축구공 만들기를 하려고 합니다. 한 변의 길이가 6 cm인 정육각형 조각과 정오각형 조각을 겹치지 않게 테이프로 이어 붙여서 만들 때 필요한 테이프의 길이는 적어도 몇 cm일까요? (단, 변의 길이만큼 테이프를 붙입니다.)

 축구공은 12개의 정오각형 조각과 20개의 정육각형 조각으로 이루어져 있습니다.

(   )

테이프를 붙일 곳은 몇 군데인지 변의 수를 이용하여 알아봅니다.

◈ 그림을 보고 물음에 답하세요. (1~2)

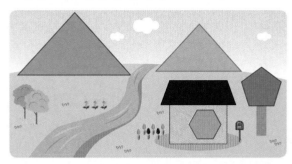

1 그림에서 찾을 수 있는 다각형은 모두 몇 개일까요?

(   )

2 그림에서 찾을 수 있는 정다각형을 모두 골라 기호를 써 보세요.

┌─────────────────────────────┐
│ ㉠ 정사각형   ㉡ 정오각형 │
│ ㉢ 정육각형   ㉣ 정팔각형 │
└─────────────────────────────┘

(   )

3 점 종이에 팔각형을 그려 보세요.

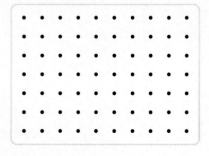

4 변이 가장 많은 다각형을 찾아 기호를 쓰고, 다각형의 이름을 써 보세요.

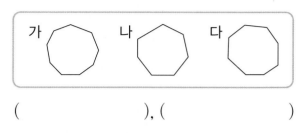

(   ), (   )

5 다각형에 그은 선분 중 대각선은 모두 몇 개일까요?

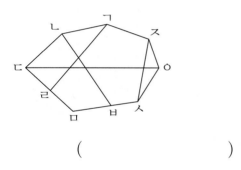

(   )

중요
6 수아와 두리가 설명하는 사각형이 무엇인지 써 보세요.

두 대각선의 길이가 같아.   두 대각선이 서로 수직이야.

수아   두리

(   )

7 길이가 12 cm인 철사 7개를 구부리지 않고 겹치지 않게 이어 붙여 도형을 만들었습니다. 만든 도형의 모든 변의 길이의 합은 몇 cm일까요?

( )

8 정십각형의 모든 각의 크기의 합은 1440°입니다. 한 각의 크기를 구해 보세요.

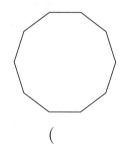

( )

9 대각선의 수가 많은 것부터 차례로 기호를 써 보세요.

┌─────────────────────────┐
│ ㉠ 삼각형   ㉡ 칠각형 │
│ ㉢ 오각형   ㉣ 팔각형 │
└─────────────────────────┘

( )

10 평행사변형 ㄱㄴㄷㄹ에서 삼각형 ㄴㄷㄹ의 세 변의 길이의 합은 몇 cm일까요?

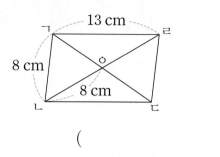

( )

11 정육각형과 정삼각형을 겹치지 않게 이어 붙여 만든 도형입니다. 정삼각형의 세 변의 길이의 합이 9 cm일 때, 정육각형의 모든 변의 길이의 합은 몇 cm일까요?

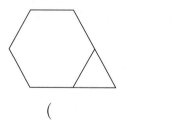

( )

12 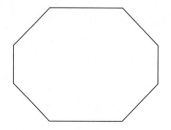, 를 모두 사용하여 팔각형을 채워 보세요. (단, 같은 모양을 여러 번 사용할 수 있습니다.)

6. 다각형 · **125**

모양 조각을 보고 물음에 답하세요. (13~15)

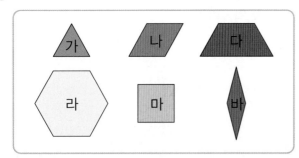

13 가 모양 조각으로 라 모양 조각을 채울 때 모양 조각은 몇 개 필요할까요?

( )

14 나, 마, 바 모양 조각으로 다음 모양을 채울 때 모양 조각은 적어도 몇 개 필요할까요?

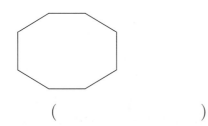

( )

15 모양 조각을 모두 사용하여 모양을 채워 보세요.

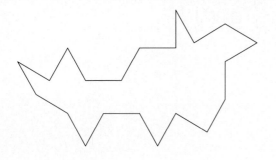

창의·융합 수학＋미술

16 테셀레이션이란 한 가지 또는 여러 가지 도형을 이용하여 평면을 겹치지 않게 빈틈없이 채우는 것을 말합니다. 하나의 정다각형으로 테셀레이션을 만들 수 없는 것을 찾아 기호를 써 보세요.

㉠ 정삼각형	㉡ 정사각형
㉢ 정오각형	㉣ 정육각형

( )

17 직사각형 ㄱㄴㄷㄹ에서 각 ㄱㄹㄴ의 크기를 구해 보세요.

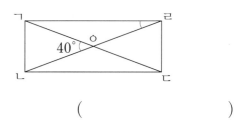

( )

18 조건 을 모두 만족하는 다각형의 모든 변의 길이의 합은 몇 cm일까요?

조건
• 정다각형이고 한 변의 길이가 13 cm입니다.
• 한 꼭짓점에서 그을 수 있는 대각선은 9개입니다.

( )

19 다각형이 아닌 것을 모두 찾아 기호를 쓰고, 그 이유를 설명해 보세요.

기호 _____

이유 _____

_____

20 오른쪽 그림과 같이 정오각형 모양의 밭 2개를 만들고 둘레에 울타리를 치려고 합니다. 울타리의 길이가 96 m일 때 정오각형 모양의 밭 한 변의 길이는 몇 m인지 풀이 과정을 쓰고 답을 구해 보세요.

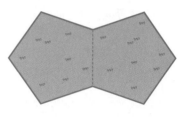

풀이 _____

_____

_____

답 _____

21 한 변의 길이가 6 cm이고 모든 변의 길이의 합이 48 cm인 정다각형이 있습니다. 이 도형에 그을 수 있는 대각선은 모두 몇 개인지 풀이 과정을 쓰고 답을 구해 보세요.

풀이 _____

_____

_____

답 _____

 서술형 문제

22 정오각형 모양의 매트를 겹치지 않게 놓아 바닥을 빈틈없이 채우려고 합니다. 정오각형 모양의 매트로 바닥을 빈틈없이 채울 수 있는지 없는지 쓰고, 그 이유를 설명해 보세요.

답 _____

이유 _____

_____

_____

23 직사각형 ㄱㄴㄷㄹ에서 삼각형 ㅇㄷㄹ의 세 변의 길이의 합은 몇 cm인지 풀이 과정을 쓰고 답을 구해 보세요.

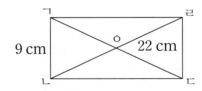

풀이 _____

_____

_____

_____

답 _____

능률 NE

개념에 강하다!
계통으로 수학이 쉬워지는 새로운 개념기본서

우월등한 개념수학

2015 개정 교육과정

개념의 연계성 제시!

계통 학습

+

철저한 복습 지원!

1:1 매칭 학습

+

문제 풀이 핵심 짚기!

키워드 학습

초3~초6

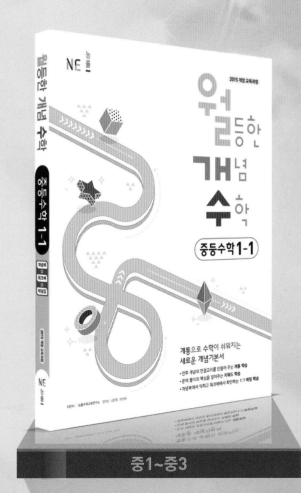

중1~중3

초등 수학

4-2

정답과 해설

수학의 고수

초등 수학

4-2

수학의 고수

정답과 해설

정답과 해설

1 분수의 덧셈과 뺄셈

8~9쪽

고수 확인문제

1 5, 8, 13, 13, 1, 4   **2** (1) $\dfrac{12}{13}$ (2) $1\dfrac{1}{8}(=\dfrac{9}{8})$

3 $1\dfrac{5}{12}(=\dfrac{17}{12})$ **4** $\dfrac{3}{5}$ L

5 (위에서부터) $3\dfrac{4}{7}$, $5\dfrac{6}{11}$

6 두리   **7** $3\dfrac{3}{4}$ m

8 $\dfrac{2}{8}$ / 7, 5, 2   **9** (1) $\dfrac{4}{9}$ (2) $\dfrac{7}{10}$

10 $\dfrac{4}{11}$, $2\dfrac{1}{11}$, $3\dfrac{9}{11}$ **11** $1\dfrac{7}{10}$

12 $4-1\dfrac{3}{5}=③\dfrac{2}{5}$ / $4-1\dfrac{3}{5}=3\dfrac{5}{5}-1\dfrac{3}{5}=2\dfrac{2}{5}$

13 2, 4 / $3\dfrac{3}{7}$ **14** $\dfrac{5}{6}$ L

---

1 $\dfrac{5}{9}+\dfrac{8}{9}$은 $\dfrac{1}{9}$이 $5+8=13$(개)입니다.

2 (1) $\dfrac{7}{13}+\dfrac{5}{13}=\dfrac{7+5}{13}=\dfrac{12}{13}$

    (2) $\dfrac{6}{8}+\dfrac{3}{8}=\dfrac{6+3}{8}=\dfrac{9}{8}=1\dfrac{1}{8}$

3 $\dfrac{9}{12}+\dfrac{8}{12}=\dfrac{9+8}{12}=\dfrac{17}{12}=1\dfrac{5}{12}$

4 (수조에 담긴 물의 양)$=\dfrac{2}{5}+\dfrac{1}{5}=\dfrac{2+1}{5}=\dfrac{3}{5}$ (L)

5 • $2\dfrac{5}{7}+\dfrac{6}{7}=2+\dfrac{11}{7}=2+1\dfrac{4}{7}=3\dfrac{4}{7}$

    • $3\dfrac{8}{11}+1\dfrac{9}{11}=(3+1)+(\dfrac{8}{11}+\dfrac{9}{11})=4+\dfrac{17}{11}$
                   $=4+1\dfrac{6}{11}=5\dfrac{6}{11}$

6 수아: $3\dfrac{2}{12}+3\dfrac{5}{12}=6+\dfrac{7}{12}=6\dfrac{7}{12}$

    두리: $2\dfrac{11}{12}+3\dfrac{9}{12}=5+\dfrac{20}{12}=5+1\dfrac{8}{12}=6\dfrac{8}{12}$

    ⇨ $6\dfrac{7}{12}<6\dfrac{8}{12}$이므로 계산 결과가 더 큰 사람은 두리입니다.

---

7 (이어 붙인 끈의 전체 길이)
    $=1\dfrac{1}{4}+2\dfrac{2}{4}=3+\dfrac{3}{4}=3\dfrac{3}{4}$ (m)

8 분모는 그대로 쓰고 분자끼리 뺍니다.

9 (1) $\dfrac{8}{9}-\dfrac{4}{9}=\dfrac{8-4}{9}=\dfrac{4}{9}$

    (2) $1-\dfrac{3}{10}=\dfrac{10}{10}-\dfrac{3}{10}=\dfrac{10-3}{10}=\dfrac{7}{10}$

10 • $\dfrac{8}{11}-\dfrac{4}{11}=\dfrac{8-4}{11}=\dfrac{4}{11}$

    • $2\dfrac{5}{11}-\dfrac{4}{11}=2+\dfrac{1}{11}=2\dfrac{1}{11}$

    • $4\dfrac{2}{11}-\dfrac{4}{11}=3\dfrac{13}{11}-\dfrac{4}{11}=3+\dfrac{9}{11}=3\dfrac{9}{11}$

11 $3\dfrac{4}{10}>2\dfrac{3}{10}>1\dfrac{9}{10}>1\dfrac{7}{10}$이므로 가장 큰 수는
    $3\dfrac{4}{10}$이고 가장 작은 수는 $1\dfrac{7}{10}$입니다.

    ⇨ $3\dfrac{4}{10}-1\dfrac{7}{10}=2\dfrac{14}{10}-1\dfrac{7}{10}=1\dfrac{7}{10}$

12 4에서 1을 빼고, $\dfrac{3}{5}$을 더 빼야 합니다.

13 차가 가장 크려면 대분수의 자연수 부분에 가장 작은 수인 2를 넣고, 분수 부분의 분자에 4를 넣습니다.
    ⇨ $6-2\dfrac{4}{7}=5\dfrac{7}{7}-2\dfrac{4}{7}=3\dfrac{3}{7}$

14 민수가 마시고 남은 우유는
    $2\dfrac{1}{6}-1\dfrac{2}{6}=1\dfrac{7}{6}-1\dfrac{2}{6}=\dfrac{5}{6}$ (L)입니다.

    따라서 세영이가 마신 우유는 $\dfrac{5}{6}$ L입니다.

STEP 1 고수 대표유형문제

10~16쪽

1 대표문제 $6\dfrac{2}{7}$

  1단계 같습니다에 ○표   2단계 $\dfrac{8}{7}$, $8\dfrac{1}{7}$

  3단계 $8\dfrac{1}{7}$, $8\dfrac{1}{7}$, $6\dfrac{2}{7}$, $6\dfrac{2}{7}$

유제 1 $3\dfrac{6}{8}$ 유제 2 $3\dfrac{1}{11}$

② 대표문제 ㉢, ㉣

　1단계 $4 / \dfrac{7}{5}$, 5, 6 / $\dfrac{17}{4}$, 4, 5 / $\dfrac{11}{9}$, 4, 5

　2단계 ㉢, ㉣

유제 **3** ㉠, ㉣　　　　유제 **4** $4\dfrac{3}{7}-2\dfrac{5}{7}$에 ○표

---

③ 대표문제 2번, $\dfrac{1}{5}$ L

　1단계 $2\dfrac{2}{5}$　　2단계 $2\dfrac{2}{5}$, $\dfrac{1}{5}$　　3단계 2, $\dfrac{1}{5}$

유제 **5** 3병, $\dfrac{3}{7}$ kg　　　유제 **6** $\dfrac{7}{8}$ kg

---

④ 대표문제 $9\dfrac{5}{14}$

　1단계 14, 큰에 ○표, 작은에 ○표

　2단계 $11\dfrac{9}{14}$, $2\dfrac{4}{14}$

　3단계 $11\dfrac{9}{14}$, $2\dfrac{4}{14}$, $9\dfrac{5}{14}$

유제 **7** $17\dfrac{8}{11}$

---

⑤ 대표문제 6

　1단계 $10\dfrac{10}{9}$, $4\dfrac{3}{9}$　　2단계 $4\dfrac{3}{9}$, 1, 2, 3

　3단계 6

유제 **8** 3　　　　　　유제 **9** 5, 6

---

⑥ 대표문제 $\dfrac{5}{8}$, $\dfrac{2}{8}$

　1단계 7, 3　　2단계 7, 3, 5, 2, 5, 2

　3단계 $\dfrac{5}{8}$, $\dfrac{2}{8}$

유제 **10** $\dfrac{9}{5}$, $\dfrac{7}{5}$

유제 **11** $\dfrac{6}{6}+\dfrac{10}{6}$, $\dfrac{7}{6}+\dfrac{9}{6}$, $\dfrac{8}{6}+\dfrac{8}{6}$

---

⑦ 대표문제 $43\dfrac{5}{7}$ cm

　1단계 48　　2단계 3, $4\dfrac{2}{7}$　　3단계 48, $4\dfrac{2}{7}$, $43\dfrac{5}{7}$

유제 **12** $28\dfrac{4}{9}$ cm　　유제 **13** $\dfrac{4}{11}$ cm

유제 **1** $\square+3\dfrac{5}{8}=2\dfrac{7}{8}+4\dfrac{4}{8}$이고

$2\dfrac{7}{8}+4\dfrac{4}{8}=6+\dfrac{11}{8}=7\dfrac{3}{8}$입니다.

$\square+3\dfrac{5}{8}=7\dfrac{3}{8}$

⇨ $\square=7\dfrac{3}{8}-3\dfrac{5}{8}=6\dfrac{11}{8}-3\dfrac{5}{8}=3\dfrac{6}{8}$

유제 **2** $4\dfrac{5}{11}+㉠+1\dfrac{9}{11}=3\dfrac{8}{11}+5\dfrac{7}{11}$이고

$4\dfrac{5}{11}+㉠+1\dfrac{9}{11}=㉠+4\dfrac{5}{11}+1\dfrac{9}{11}$

$\qquad\qquad=㉠+6\dfrac{3}{11}$,

$3\dfrac{8}{11}+5\dfrac{7}{11}=8+\dfrac{15}{11}=9\dfrac{4}{11}$입니다.

$㉠+6\dfrac{3}{11}=9\dfrac{4}{11}$ ⇨ $㉠=9\dfrac{4}{11}-6\dfrac{3}{11}=3\dfrac{1}{11}$

유제 **3** • ㉠을 어림한 결과: 자연수 부분의 차가 4이므로
　　　　　　　　　　　　3과 4 사이

　　　 • ㉡을 어림한 결과: 자연수 부분의 차가 5이므로
　　　　　　　　　　　　4와 5 사이

　　　 • ㉢을 어림한 결과: 자연수 부분의 차가 3이므로
　　　　　　　　　　　　2와 3 사이

　　　 • ㉣을 어림한 결과: 자연수 부분의 차가 4이므로
　　　　　　　　　　　　3과 4 사이

따라서 어림한 결과가 3과 4 사이인 뺄셈식은 ㉠, ㉣
입니다.

유제 **4** • $3\dfrac{1}{3}-2\dfrac{2}{3}$의 자연수 부분의 차는 1이고, 분수 부
　　　　분에서 받아내림이 있으므로 어림한 결과는 1보다
　　　　작습니다.

　　　 • $\dfrac{26}{8}-\dfrac{9}{8}=\dfrac{17}{8}$이므로 어림한 결과는 2보다 큽니다.

　　　 • $4\dfrac{3}{7}-2\dfrac{5}{7}$의 자연수 부분의 차는 2이고, 분수 부분
　　　　에서 받아내림이 있으므로 어림한 결과는 1과 2 사
　　　　이입니다.

따라서 어림한 결과가 1과 2 사이인 뺄셈식은
$4\dfrac{3}{7}-2\dfrac{5}{7}$입니다.

다른 풀이 • $3\dfrac{1}{3}-2\dfrac{2}{3}=2\dfrac{4}{3}-2\dfrac{2}{3}=\dfrac{2}{3}$

- $\dfrac{26}{8}-\dfrac{9}{8}=\dfrac{17}{8}=2\dfrac{1}{8}$

- $4\dfrac{3}{7}-2\dfrac{5}{7}=3\dfrac{10}{7}-2\dfrac{5}{7}=1\dfrac{5}{7}$

따라서 어림한 결과가 1과 2 사이인 뺄셈식은 $4\dfrac{3}{7}-2\dfrac{5}{7}$입니다.

유제 5 $3\dfrac{6}{7}-1\dfrac{1}{7}=2\dfrac{5}{7}$ (kg)

$2\dfrac{5}{7}-1\dfrac{1}{7}=1\dfrac{4}{7}$ (kg)

$1\dfrac{4}{7}-1\dfrac{1}{7}=\dfrac{3}{7}$ (kg)

따라서 $3\dfrac{6}{7}$ kg에서 $1\dfrac{1}{7}$ kg을 3번 뺄 수 있으므로 주스를 3병 만들 수 있고, 남는 딸기는 $\dfrac{3}{7}$ kg입니다.

유제 6 $4\dfrac{5}{8}-1\dfrac{3}{8}=3\dfrac{2}{8}$ (kg)

$3\dfrac{2}{8}-1\dfrac{3}{8}=2\dfrac{10}{8}-1\dfrac{3}{8}=1\dfrac{7}{8}$ (kg)

$1\dfrac{7}{8}-1\dfrac{3}{8}=\dfrac{4}{8}$ (kg)

$4\dfrac{5}{8}$ kg에서 $1\dfrac{3}{8}$ kg을 3번 뺄 수 있으므로 빵을 3개 만들 수 있고, 남는 밀가루는 $\dfrac{4}{8}$ kg입니다.

따라서 밀가루를 남김없이 사용하려면 밀가루는 적어도 $1\dfrac{3}{8}-\dfrac{4}{8}=\dfrac{11}{8}-\dfrac{4}{8}=\dfrac{7}{8}$ (kg)이 더 필요합니다.

유제 7 분모가 될 수 있는 수는 11이고, 합이 가장 크게 되려면 가장 큰 수와 두 번째로 큰 수를 더해야 합니다. 자연수 부분의 합이 가장 크게 되도록 두 대분수를 만들면 $9\dfrac{5}{11}$, $8\dfrac{3}{11}$ 또는 $9\dfrac{3}{11}$, $8\dfrac{5}{11}$입니다.

따라서 합이 가장 크게 되는 두 대분수의 덧셈식을 계산하면

$9\dfrac{5}{11}+8\dfrac{3}{11}=17\dfrac{8}{11}$ 또는 $9\dfrac{3}{11}+8\dfrac{5}{11}=17\dfrac{8}{11}$

입니다.

유제 8 $1\dfrac{4}{5}+3\dfrac{4}{5}=4+\dfrac{8}{5}=5\dfrac{3}{5}$, $5\dfrac{3}{5}<\square\dfrac{2}{5}$이므로 10보다 작은 수 중에서 $\square$ 안에 들어갈 수 있는 수는 6, 7, 8, 9입니다.

⇨ (가장 큰 수와 가장 작은 수의 차)
$=9-6=3$

주의

$5\dfrac{3}{5}<\square\dfrac{2}{5}$에서 진분수 부분의 크기를 비교하면 $\dfrac{3}{5}>\dfrac{2}{5}$이므로 $\square$ 안에 5는 들어갈 수 없습니다.

유제 9 $2\dfrac{\square}{7}$는 대분수이므로 $\square$ 안에 들어갈 수 있는 수는 7보다 작습니다.

자연수 부분의 뺄셈에서 $6-2=4$이므로

$6\dfrac{3}{7}-2\dfrac{\square}{7}<3\dfrac{6}{7}$이 되려면 $\dfrac{3}{7}<\dfrac{\square}{7}$이어야 합니다.

$6\dfrac{3}{7}-2\dfrac{\square}{7}=5\dfrac{10}{7}-2\dfrac{\square}{7}=3\dfrac{10-\square}{7}$,

$3\dfrac{10-\square}{7}<3\dfrac{6}{7}$ ⇨ $10-\square<6$

따라서 $\square$ 안에 들어갈 수 있는 7보다 작은 수는 5, 6 입니다.

참고

$6\dfrac{3}{7}-2\dfrac{\square}{7}$가 $3\dfrac{6}{7}$보다 작으므로 $6\dfrac{3}{7}-2\dfrac{\square}{7}$를 계산한 대분수의 자연수 부분은 4가 될 수 없습니다.

유제 10 두 가분수를 $\dfrac{\bigcirc}{5}$, $\dfrac{\bigcirc\!\!\bigcirc}{5}$ ($\bigcirc>\bigcirc\!\!\bigcirc$)이라 하면

$\dfrac{\bigcirc}{5}+\dfrac{\bigcirc\!\!\bigcirc}{5}=\dfrac{\bigcirc+\bigcirc\!\!\bigcirc}{5}=\dfrac{16}{5}$,

$\dfrac{\bigcirc}{5}-\dfrac{\bigcirc\!\!\bigcirc}{5}=\dfrac{\bigcirc-\bigcirc\!\!\bigcirc}{5}=\dfrac{2}{5}$입니다.

⇨ $\bigcirc+\bigcirc\!\!\bigcirc=16$, $\bigcirc-\bigcirc\!\!\bigcirc=2$

합이 16인 두 수 중 차가 2인 두 수는 9, 7입니다.

따라서 조건에 알맞은 두 가분수는 $\dfrac{9}{5}$, $\dfrac{7}{5}$입니다.

유제 11 분모가 6인 가분수의 분자는 6이거나 6보다 큽니다. $2\dfrac{4}{6}=\dfrac{16}{6}$이므로 분자의 합은 16입니다.

6이거나 6보다 큰 수 중에서 합이 16인 두 수는 6과 10, 7과 9, 8과 8입니다.

⇨ $\dfrac{6}{6}+\dfrac{10}{6}=2\dfrac{4}{6}$, $\dfrac{7}{6}+\dfrac{9}{6}=2\dfrac{4}{6}$,

$\dfrac{8}{6}+\dfrac{8}{6}=2\dfrac{4}{6}$

유제 12 색 테이프 3장의 길이의 합은

$9\dfrac{5}{9}+8\dfrac{4}{9}+12\dfrac{2}{9}=29+\dfrac{11}{9}=30\dfrac{2}{9}$ (cm)입니다.

색 테이프 3장을 이어 붙이면 겹쳐진 부분은 2군데이 므로 겹쳐진 부분의 길이의 합은

$$\frac{8}{9} + \frac{8}{9} = \frac{16}{9} = 1\frac{7}{9} \text{ (cm)}$$ 입니다.

따라서 색 테이프를 이어 붙인 전체 길이는

$$30\frac{2}{9} - 1\frac{7}{9} = 29\frac{11}{9} - 1\frac{7}{9} = 28\frac{4}{9} \text{ (cm)}$$ 입니다.

유제 **13** 색 테이프 4장의 길이의 합은

$$7\frac{6}{11} + 7\frac{6}{11} + 7\frac{6}{11} + 7\frac{6}{11}$$

$$= 28 + \frac{24}{11} = 30\frac{2}{11} \text{ (cm)}$$ 입니다.

색 테이프 4장을 이어 붙이면 겹쳐진 부분은 3군데입 니다. 겹쳐진 부분의 길이를 □ cm라 하면

$$30\frac{2}{11} - \square - \square - \square = 29\frac{1}{11},$$

$$\square + \square + \square = 30\frac{2}{11} - 29\frac{1}{11} = 1\frac{1}{11} = \frac{12}{11},$$

$$\frac{12}{11} = \frac{4}{11} + \frac{4}{11} + \frac{4}{11}$$ 이므로 □ $= \frac{4}{11}$ 입니다.

따라서 색 테이프를 $\frac{4}{11}$ cm씩 겹쳐서 이어 붙인 것입 니다.

STEP **2** 고수 실전문제

17~19쪽

1 $1\frac{4}{11}$ **2** 13 **3** $1\frac{7}{8}$ m

4 $2\frac{3}{12}$ **5** $7\frac{1}{7}$ kg   **6** $6\frac{4}{7}$ cm

7 $6\frac{15}{17}$ **8** $3\frac{1}{4}$ km   **9** 5개

10 신발, 블록   **11** 2개, $1\frac{3}{12}$ m   **12** 3

13 $1\frac{1}{8} + 2\frac{3}{8} = 3\frac{4}{8}$, $4\frac{7}{8} - 1\frac{1}{8} = 3\frac{6}{8}$

14 $15\frac{1}{4}$ cm   **15** $2\frac{8}{9}$ L   **16** 260 mL

17 $14\frac{1}{9}$ L   **18** $4\frac{16}{19}$ m

1 분모가 11인 진분수 중에서 $\frac{6}{11}$ 보다 작은 분수는

$$\frac{1}{11}, \frac{2}{11}, \frac{3}{11}, \frac{4}{11}, \frac{5}{11}$$ 입니다.

$$\Rightarrow \frac{1}{11} + \frac{2}{11} + \frac{3}{11} + \frac{4}{11} + \frac{5}{11} = \frac{15}{11} = 1\frac{4}{11}$$

2 $\frac{5}{6} + \frac{\bigcirc}{6} = 3 \Rightarrow 3 - \frac{5}{6} = \frac{\bigcirc}{6}$

$$3 - \frac{5}{6} = \frac{18}{6} - \frac{5}{6} = \frac{13}{6} = \frac{\bigcirc}{6}$$ 이므로 ㉠ $=13$ 입니다.

다른 풀이 $\frac{5}{6} + \frac{\bigcirc}{6} = 3 \Rightarrow \frac{5 + \bigcirc}{6} = \frac{18}{6}$

$5 + ㉠ = 18$, $㉠ = 18 - 5 = 13$

따라서 ㉠ $= 13$ 입니다.

3 정사각형은 네 변의 길이가 모두 같으므로 만든 정사 각형의 네 변의 길이의 합은

$$\frac{7}{8} + \frac{7}{8} + \frac{7}{8} + \frac{7}{8} = \frac{28}{8} = 3\frac{4}{8} \text{ (m)}$$ 입니다.

따라서 남은 철사의 길이는

$$5\frac{3}{8} - 3\frac{4}{8} = 4\frac{11}{8} - 3\frac{4}{8} = 1\frac{7}{8} \text{ (m)}$$ 입니다.

다른 풀이 (남은 철사의 길이)

$$= 5\frac{3}{8} - \frac{7}{8} - \frac{7}{8} - \frac{7}{8} - \frac{7}{8}$$

$$= \frac{43}{8} - \frac{7}{8} - \frac{7}{8} - \frac{7}{8} - \frac{7}{8}$$

$$= \frac{43 - 7 - 7 - 7 - 7}{8}$$

$$= \frac{15}{8} = 1\frac{7}{8} \text{ (m)}$$

4 어떤 수를 □라 하면 잘못 계산한 식은

$$\square + 3\frac{7}{12} = 9\frac{5}{12} \Rightarrow \square = 9\frac{5}{12} - 3\frac{7}{12}, \square = 5\frac{10}{12}$$ 입니다.

따라서 어떤 수는 $5\frac{10}{12}$ 이므로 바르게 계산하면

$$5\frac{10}{12} - 3\frac{7}{12} = 2\frac{3}{12}$$ 입니다.

5 $2\frac{6}{7} = 1\frac{3}{7} + 1\frac{3}{7}$ 이므로 공 1개의 무게는 $1\frac{3}{7}$ kg 입니다.

(공 4개의 무게) $= 2\frac{6}{7} + 2\frac{6}{7} = 4 + \frac{12}{7}$

$$= 4 + 1\frac{5}{7} = 5\frac{5}{7} \text{ (kg)}$$

$\Rightarrow$ (공 5개의 무게)$=5\dfrac{5}{7}+1\dfrac{3}{7}=6+\dfrac{8}{7}$

$\qquad\qquad\qquad=6+1\dfrac{1}{7}=7\dfrac{1}{7}\,(\mathrm{kg})$

6 $(\text{\textcircled{L}}\sim\text{\textcircled{E}})=(\text{\textcircled{J}}\sim\text{\textcircled{E}})+(\text{\textcircled{L}}\sim\text{\textcircled{Z}})-(\text{\textcircled{J}}\sim\text{\textcircled{Z}})$

$\qquad=13\dfrac{1}{7}+10\dfrac{2}{7}-16\dfrac{6}{7}$

$\qquad=23\dfrac{3}{7}-16\dfrac{6}{7}=22\dfrac{10}{7}-16\dfrac{6}{7}$

$\qquad=6\dfrac{4}{7}\,(\mathrm{cm})$

7 $8\dfrac{5}{17}\textcircled{\tiny{$\bullet$}}\dfrac{12}{17}=8\dfrac{5}{17}-\dfrac{12}{17}-\dfrac{12}{17}$

$\qquad\qquad\quad=7\dfrac{22}{17}-\dfrac{12}{17}-\dfrac{12}{17}$

$\qquad\qquad\quad=7\dfrac{10}{17}-\dfrac{12}{17}$

$\qquad\qquad\quad=6\dfrac{27}{17}-\dfrac{12}{17}=6\dfrac{15}{17}$

8 (마라톤 코스 거리)$=2\dfrac{2}{4}+2\dfrac{2}{4}=4+\dfrac{4}{4}=5\,(\mathrm{km})$

$\Rightarrow$ (더 달려야 하는 거리)$=5-1\dfrac{3}{4}=4\dfrac{4}{4}-1\dfrac{3}{4}$

$\qquad\qquad\qquad\qquad\qquad=3\dfrac{1}{4}\,(\mathrm{km})$

9 $\dfrac{14}{9}=1\dfrac{5}{9}$

• $\dfrac{4}{9}>\dfrac{\square}{9}$인 경우:

$8\dfrac{4}{9}-6\dfrac{\square}{9}=2\dfrac{4-\square}{9}$, $2\dfrac{4-\square}{9}<2\dfrac{2}{9}$,

$4-\square<2$

$\Rightarrow\square=3$

• $\dfrac{4}{9}=\dfrac{\square}{9}$인 경우:

$8\dfrac{4}{9}-6\dfrac{\square}{9}=8\dfrac{4}{9}-6\dfrac{4}{9}=2$, $2<2\dfrac{2}{9}$

$\Rightarrow\square=4$

• $\dfrac{4}{9}<\dfrac{\square}{9}$인 경우:

$8\dfrac{4}{9}-6\dfrac{\square}{9}=7\dfrac{13}{9}-6\dfrac{\square}{9}=1\dfrac{13-\square}{9}$,

$1\dfrac{5}{9}<1\dfrac{13-\square}{9}$, $5<13-\square$

$\Rightarrow\square=5,\,6,\,7$

따라서 $\square$ 안에 들어갈 수 있는 수는 3, 4, 5, 6, 7로 모두 5개입니다.

10 가방에 들어 있는 물건의 무게는

$1\dfrac{3}{8}+1\dfrac{6}{8}=2+\dfrac{9}{8}=2+1\dfrac{1}{8}=3\dfrac{1}{8}\,(\mathrm{kg})$이므로

더 담을 수 있는 최대 무게는

$5-3\dfrac{1}{8}=4\dfrac{8}{8}-3\dfrac{1}{8}=1\dfrac{7}{8}\,(\mathrm{kg})$입니다.

따라서 담을 수 없는 물건은 $1\dfrac{7}{8}$ kg보다 무거운

$\dfrac{17}{8}$ kg$=2\dfrac{1}{8}$ kg인 신발과 $2\dfrac{3}{8}$ kg인 블록입니다.

11 $10\dfrac{1}{12}$에서 $4\dfrac{5}{12}$를 몇 번 뺄 수 있는지 알아봅니다.

$10\dfrac{1}{12}=\dfrac{121}{12}$, $4\dfrac{5}{12}=\dfrac{53}{12}$

$\dfrac{121}{12}-\dfrac{53}{12}-\dfrac{53}{12}=\dfrac{15}{12}=1\dfrac{3}{12}\,(\mathrm{m})$

따라서 만들 수 있는 꽃은 2개이고, 남는 리본은

$1\dfrac{3}{12}$ m입니다.

12 차의 자연수 부분이 1이 되려면 ㉮<㉯이고 받아내림이 있어야 합니다.

$5\dfrac{㉮}{5}-3\dfrac{㉯}{5}=1\dfrac{4}{5}$, $4+1\dfrac{㉮}{5}-3\dfrac{㉯}{5}=1\dfrac{4}{5}$,

$(4-3)+(1\dfrac{㉮}{5}-\dfrac{㉯}{5})=1\dfrac{4}{5}$, $\dfrac{5+㉮}{5}-\dfrac{㉯}{5}=\dfrac{4}{5}$,

$\dfrac{5+㉮-㉯}{5}=\dfrac{4}{5}$, $5+㉮-㉯=4$

$\Rightarrow$ ㉮=1, ㉯=2이거나 ㉮=3, ㉯=4입니다.

따라서 ㉮+㉯가 가장 작을 때의 값은 ㉮=1,

㉯=2일 때 ㉮+㉯=1+2=3으로 가장 작습니다.

13 덧셈식: $1\dfrac{1}{8}+2\dfrac{3}{8}=3\dfrac{4}{8}$

$\qquad\qquad\; 1\dfrac{1}{8}+3\dfrac{5}{8}=4\dfrac{6}{8}$

$\Rightarrow$ 4에 가장 가까운 덧셈식은 $1\dfrac{1}{8}+2\dfrac{3}{8}=3\dfrac{4}{8}$입니다.

뺄셈식: $4\dfrac{7}{8}-1\dfrac{1}{8}=3\dfrac{6}{8}$

$\qquad\qquad\; 6-2\dfrac{3}{8}=3\dfrac{5}{8}$

$\qquad\qquad\; 6-1\dfrac{1}{8}=4\dfrac{7}{8}$

⇨ 4에 가장 가까운 뺄셈식은 $4\frac{7}{8}-1\frac{1}{8}=3\frac{6}{8}$입니다.

참고
계산한 결과가 4에 가장 가까운 수를 구할 때는 계산 결과가 4보다 작거나 4보다 큰 경우를 모두 생각하여 더 가까운 수를 찾아야 합니다.

14 1시간=60분이므로 1시간 동안 타는 양초의 길이는
$1\frac{3}{4}+1\frac{3}{4}+1\frac{3}{4}=3+\frac{9}{4}=5\frac{1}{4}$ (cm)입니다.
따라서 양초에 불을 붙이고 한 시간 후 양초의 길이는
$20\frac{2}{4}-5\frac{1}{4}=15\frac{1}{4}$ (cm)입니다.

15 (가 그릇의 물의 양)$-$(나 그릇의 물의 양)
$=8\frac{3}{9}-2\frac{5}{9}=7\frac{12}{9}-2\frac{5}{9}=5\frac{7}{9}$ (L)

가 그릇의 물이 $5\frac{7}{9}$ L만큼 더 많으므로 이 물의 반만큼 옮기면 두 그릇의 물의 양이 같아집니다.
$5\frac{7}{9}=4\frac{16}{9}=2\frac{8}{9}+2\frac{8}{9}$이므로 가 그릇에서 나 그릇으로 $2\frac{8}{9}$ L만큼 옮겨야 합니다.

다른 풀이 (가 그릇의 물의 양)$+$(나 그릇의 물의 양)
$=8\frac{3}{9}+2\frac{5}{9}=10\frac{8}{9}$ (L)

$10\frac{8}{9}=5\frac{4}{9}+5\frac{4}{9}$이므로 두 그릇에 들어 있는 물의 양이 같아지려면 그릇마다 각각 $5\frac{4}{9}$ L씩 물이 들어 있어야 합니다.
⇨ (가 그릇에서 나 그릇으로 옮겨야 하는 물의 양)
$=8\frac{3}{9}-5\frac{4}{9}=7\frac{12}{9}-5\frac{4}{9}=2\frac{8}{9}$ (L)

16 혜리와 동생이 마신 주스는 주스 한 병의
$\frac{5}{13}+\frac{3}{13}=\frac{8}{13}$입니다.
마시고 남은 주스는 전체의 $1-\frac{8}{13}=\frac{5}{13}$이고 주스 한 병의 $\frac{5}{13}$가 100 mL이므로 주스 한 병의 $\frac{1}{13}$은 20 mL입니다.
따라서 주스 한 병은 $20\times13=260$ (mL)입니다.

17 $11\frac{6}{9}=10\frac{15}{9}=2\frac{3}{9}+2\frac{3}{9}+2\frac{3}{9}+2\frac{3}{9}+2\frac{3}{9}$이므로 사용한 물의 양은 $2\frac{3}{9}$ L입니다.
(사용하고 수조에 남은 물의 양)
$=11\frac{6}{9}-2\frac{3}{9}=9\frac{3}{9}$ (L)
⇨ ($4\frac{7}{9}$ L를 더 부었을 때 수조에 있는 물의 양)
$=9\frac{3}{9}+4\frac{7}{9}=13+\frac{10}{9}$
$=13+1\frac{1}{9}=14\frac{1}{9}$ (L)

18 (유정)$+$(민수)$+$(민수)$+$(현빈)$+$(현빈)$+$(유정)
$=$(유정)$+$(민수)$+$(현빈)$+$(유정)$+$(민수)$+$(현빈)
$3\frac{4}{19}+3\frac{2}{19}+3\frac{7}{19}=9\frac{13}{19}$ (m)이고,
$9\frac{13}{19}=8\frac{32}{19}=4\frac{16}{19}+4\frac{16}{19}$이므로
세 사람의 키의 합은 $4\frac{16}{19}$ m입니다.

STEP 3 고수 최고문제
20~21쪽

1 3일 **2** 2시간 30분 **3** $2\frac{12}{14}$ m
4 1 kg **5** $\frac{6}{11}$, $1\frac{3}{11}$ **6** $1\frac{1}{4}$

1 준영이와 유림이가 하루에 하는 일의 양은 전체의
$\frac{3}{15}+\frac{2}{15}=\frac{5}{15}$입니다.
$\frac{5}{15}+\frac{5}{15}+\frac{5}{15}=\frac{15}{15}=1$이므로 준영이와 유림이가 3일 동안 일을 해야 전체 일을 끝낼 수 있습니다.

참고
전체 일의 양은 1입니다.

2 하루는 24시간입니다.

낮의 길이가 $10\frac{45}{60}$시간이므로 밤의 길이는

$24-10\frac{45}{60}=23\frac{60}{60}-10\frac{45}{60}=13\frac{15}{60}$(시간)입니다.

$\Rightarrow$ (밤의 길이) $-$ (낮의 길이)

$=13\frac{15}{60}-10\frac{45}{60}$

$=12\frac{75}{60}-10\frac{45}{60}$

$=2\frac{30}{60}$(시간)

따라서 밤의 길이는 낮의 길이보다 2시간 30분 더 깁니다.

3
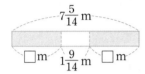

연못의 깊이를 $\square$ m라 하면

$7\frac{5}{14}-1\frac{9}{14}=\square+\square$입니다.

$\square+\square=7\frac{5}{14}-1\frac{9}{14}=6\frac{19}{14}-1\frac{9}{14}=5\frac{10}{14}$,

$5\frac{10}{14}=4\frac{24}{14}=2\frac{12}{14}+2\frac{12}{14}$이므로

$\square=2\frac{12}{14}$입니다.

따라서 연못의 깊이는 $2\frac{12}{14}$ m입니다.

4 공 2개의 무게는

$5-3\frac{4}{10}=4\frac{10}{10}-3\frac{4}{10}=1\frac{6}{10}$ (kg)이고,

$1\frac{6}{10}=\frac{16}{10}=\frac{8}{10}+\frac{8}{10}$이므로 공 1개의 무게는

$\frac{8}{10}$ kg입니다.

(상자의 무게)

$=5-1\frac{6}{10}-1\frac{6}{10}-1\frac{6}{10}$

$=3\frac{20}{10}-1\frac{6}{10}-1\frac{6}{10}-1\frac{6}{10}$

$=\frac{2}{10}$ (kg)

따라서 상자 안에 공 1개를 넣고 무게를 재면

$\frac{2}{10}+\frac{8}{10}=\frac{10}{10}=1$ (kg)입니다.

다른 풀이 (공 2개의 무게)

$=5-3\frac{4}{10}=4\frac{10}{10}-3\frac{4}{10}$

$=1\frac{6}{10}$ (kg)

$1\frac{6}{10}=\frac{16}{10}=\frac{8}{10}+\frac{8}{10}$이므로 공 1개의 무게는

$\frac{8}{10}$ kg입니다.

(공 3개의 무게)$=\frac{8}{10}+\frac{8}{10}+\frac{8}{10}=\frac{24}{10}$

$=2\frac{4}{10}$ (kg)

$\Rightarrow$ (공 1개를 넣은 상자의 무게)

$=$(공 4개를 넣은 상자의 무게)$-$(공 3개의 무게)

$=3\frac{4}{10}-2\frac{4}{10}=1$ (kg)

5
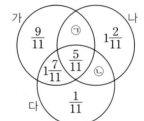

• 가 원과 나 원에서 ㉠$+\frac{5}{11}$가 겹치므로

$\frac{9}{11}+1\frac{7}{11}=1\frac{2}{11}+$㉡입니다.

$\Rightarrow 1\frac{2}{11}+$㉡$=2\frac{5}{11}$, ㉡$=2\frac{5}{11}-1\frac{2}{11}=1\frac{3}{11}$

• 가 원과 다 원에서 $1\frac{7}{11}+\frac{5}{11}$가 겹치므로

$\frac{9}{11}+$㉠$=\frac{1}{11}+$㉡, $\frac{9}{11}+$㉠$=\frac{1}{11}+1\frac{3}{11}$입니다.

$\Rightarrow \frac{9}{11}+$㉠$=1\frac{4}{11}$,

㉠$=1\frac{4}{11}-\frac{9}{11}=\frac{15}{11}-\frac{9}{11}=\frac{6}{11}$

6 ♪ 2개는 ♩ 1개와 같으므로

♩+♩+♩+♪+♪=♩+♩+♩+♩입니다.

♩ 1개는 ♩ 2개와 같으므로

♩+♩+♩+♩=♩+♩+♩+♩+♩입니다.

따라서 계산 결과는

$\frac{1}{4}+\frac{1}{4}+\frac{1}{4}+\frac{1}{4}+\frac{1}{4}=\frac{5}{4}=1\frac{1}{4}$입니다.

1 7, 3, 10 / 7, 3, 10, 2, 2

2 (위에서부터) $4\frac{2}{11}$, $2\frac{1}{11}$, $\frac{4}{11}$, $1\frac{8}{11}$

3 $2\frac{4}{13}$ **4** $<$

5 (위에서부터) $7\frac{2}{12}$, $2\frac{10}{12}$, $4\frac{4}{12}$

6 $1\frac{7}{8}$ L   **7** ㉡, ㉣

8 $7\frac{4}{5}$ cm   **9** $5\frac{6}{7}$ kg

10 1, 5, 4 / $1\frac{6}{9}$ **11** 5개

12 $2\frac{3}{8}$ kW   **13** $4\frac{3}{6}$, $3\frac{4}{6}$

14 $3\frac{5}{7}$ **15** $\frac{6}{8}$

16 $\frac{16}{17}$ kg   **17** $32\frac{1}{11}$ cm

18 이유 ❶ $4\frac{3}{7}$에서 1을 분수로 바꾸면

$4\frac{3}{7}=3+\frac{10}{7}=3\frac{10}{7}$이므로 자연수 부분이 1 작

아져야 하는 데 그대로 썼습니다. ❷ 따라서 바르게

계산하면 $4\frac{3}{7}-2\frac{6}{7}=3\frac{10}{7}-2\frac{6}{7}=1\frac{4}{7}$입니다.

답 $1\frac{4}{7}$

19 풀이 ❶ $2\frac{5}{8}$의 자연수 부분과 분자를 바꾼 수는

$5\frac{2}{8}$입니다. 어떤 수를 □라 하면 잘못 계산한 식은

$□-5\frac{2}{8}=1\frac{7}{8}$입니다.

$□-5\frac{2}{8}=1\frac{7}{8}$ ⇨ $1\frac{7}{8}+5\frac{2}{8}=□$, $□=7\frac{1}{8}$

❷ 따라서 어떤 수는 $7\frac{1}{8}$이므로 바르게 계산하면

$7\frac{1}{8}-2\frac{5}{8}=4\frac{4}{8}$입니다. 답 $4\frac{4}{8}$

20 풀이 ❶ 색 테이프의 길이 $6\frac{3}{5}$ m에서 $1\frac{2}{5}$ m씩

빼 보면 $6\frac{3}{5}-1\frac{2}{5}=5\frac{1}{5}$,

$5\frac{1}{5}-1\frac{2}{5}=4\frac{6}{5}-1\frac{2}{5}=3\frac{4}{5}$,

$3\frac{4}{5}-1\frac{2}{5}=2\frac{2}{5}$, $2\frac{2}{5}-1\frac{2}{5}=1$입니다.

❷ 1에서 $1\frac{2}{5}$를 뺄 수 없으므로 $6\frac{3}{5}$에서 $1\frac{2}{5}$는

4번 뺄 수 있고 1이 남습니다. 따라서 색 테이프를

4도막까지 자를 수 있고 1 m가 남습니다.

답 4도막, 1 m

21 풀이 ❶ 주사위 3개를 던져서 나올 수 있는 눈의

수는 1, 2, 3, 4, 5, 6입니다. 분모가 5이므로 분자

는 5보다 작아야 합니다.

자연수 부분이 1이고 분모가 5인 대분수는

$1\frac{1}{5}$, $1\frac{2}{5}$, $1\frac{3}{5}$, $1\frac{4}{5}$입니다.

❷ 따라서 만들 수 있는 대분수들의 합은

$1\frac{1}{5}+1\frac{2}{5}+1\frac{3}{5}+1\frac{4}{5}=4+\frac{10}{5}=6$입니다.

답 6

22 풀이 ❶ $1\frac{2}{9}=\frac{11}{9}$입니다. 서로 다른 세 진분수를

$\frac{㉠}{9}$, $\frac{㉡}{9}$, $\frac{㉢}{9}$ (㉠, ㉡, ㉢은 서로 다른 자연수)이라

하면 $\frac{㉠+㉡+㉢}{9}=\frac{11}{9}$, ㉠+㉡+㉢=11입니다.

❷ 1+2+8=11, 1+3+7=11,

1+4+6=11, 2+3+6=11, 2+4+5=11

이므로 서로 다른 세 진분수는 모두 5가지입니다.

답 5가지

1 대분수를 가분수로 나타내고 합을 대분수로 나타냅니다.

2 • $\frac{7}{11}+3\frac{6}{11}=3+\frac{13}{11}=3+1\frac{2}{11}=4\frac{2}{11}$

• $\frac{3}{11}+1\frac{9}{11}=1+\frac{12}{11}=1+1\frac{1}{11}=2\frac{1}{11}$

• $\frac{7}{11}-\frac{3}{11}=\frac{4}{11}$

• $3\frac{6}{11}-1\frac{9}{11}=2\frac{17}{11}-1\frac{9}{11}=1\frac{8}{11}$

3 $□+2\frac{11}{13}=5\frac{2}{13}$

⇨ $5\frac{2}{13}-2\frac{11}{13}=□$,

$□=5\frac{2}{13}-2\frac{11}{13}=4\frac{15}{13}-2\frac{11}{13}=2\frac{4}{13}$

4 $\cdot 1\frac{4}{7}+2\frac{5}{7}=3+\frac{9}{7}=3+1\frac{2}{7}=4\frac{2}{7}$

$\cdot 6-1\frac{2}{7}=5\frac{7}{7}-1\frac{2}{7}=4\frac{5}{7}$

$\Rightarrow 4\frac{2}{7}<4\frac{5}{7}$

5

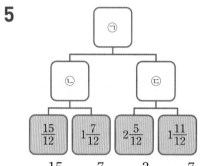

$\bigcirc \quad \frac{15}{12}+1\frac{7}{12}=1\frac{3}{12}+1\frac{7}{12}=2\frac{10}{12}$

$\bigcirc \quad 2\frac{5}{12}+1\frac{11}{12}=3+\frac{16}{12}=3+1\frac{4}{12}=4\frac{4}{12}$

$\bigcirc \quad 2\frac{10}{12}+4\frac{4}{12}=6+\frac{14}{12}=6+1\frac{2}{12}=7\frac{2}{12}$

6 그릇의 들이는 물병의 들이를 3번 더한 것과 같습니다.

$\Rightarrow$ (그릇의 들이)$=\frac{5}{8}+\frac{5}{8}+\frac{5}{8}$

$=\frac{10}{8}+\frac{5}{8}=\frac{15}{8}=1\frac{7}{8}$ (L)

7 자연수끼리 빼고 분수만큼 더 빼야 하므로 차가 2와 3 사이가 되려면 자연수끼리의 차가 3이 되어야 합니다. 따라서 어림한 결과가 2와 3 사이인 뺄셈식은 ⓒ, ㉣ 입니다.

다른 풀이 ㉠ $3-1\frac{2}{5}=2\frac{5}{5}-1\frac{2}{5}=1\frac{3}{5}$

㉡ $4-1\frac{1}{7}=3\frac{7}{7}-1\frac{1}{7}=2\frac{6}{7}$

㉢ $6-2\frac{5}{9}=5\frac{9}{9}-2\frac{5}{9}=3\frac{4}{9}$

㉣ $5-2\frac{3}{8}=4\frac{8}{8}-2\frac{3}{8}=2\frac{5}{8}$

따라서 어림한 결과가 2와 3 사이인 뺄셈식은 ㉡, ㉣ 입니다.

8 (삼각형의 세 변의 길이의 합)

$=2\frac{4}{5}+3\frac{2}{5}+1\frac{3}{5}$

$=6\frac{1}{5}+1\frac{3}{5}=7\frac{4}{5}$ (cm)

9 (사과 1개를 뺀 과일 바구니의 무게)

$=5-\frac{5}{7}=4\frac{7}{7}-\frac{5}{7}=4\frac{2}{7}$ (kg)

$\Rightarrow$ (멜론 1개를 넣은 과일 바구니의 무게)

$=4\frac{2}{7}+1\frac{4}{7}=5\frac{6}{7}$ (kg)

10 빼지는 수는 가장 작은 분수가 되도록 분자에 1을 넣고, 빼는 수는 가장 큰 대분수가 되도록 자연수에 5, 분자에 4를 넣습니다.

$\Rightarrow 7\frac{1}{9}-5\frac{4}{9}=6\frac{10}{9}-5\frac{4}{9}=1\frac{6}{9}$

11 $9\frac{\square}{12}-4\frac{7}{12}=8\frac{12+\square}{12}-4\frac{7}{12}=4\frac{5+\square}{12}$

$4\frac{5+\square}{12}<4\frac{11}{12}$이므로 $5+\square<11$입니다.

따라서 $\square$ 안에 들어갈 수 있는 수는 1, 2, 3, 4, 5로 모두 5개입니다.

12 (가 세탁기를 2번 작동했을 때 소비한 전력)

$=\frac{5}{8}+\frac{5}{8}=\frac{10}{8}=1\frac{2}{8}$ (kW)

(나 세탁기를 3번 작동했을 때 소비한 전력)

$=\frac{3}{8}+\frac{3}{8}+\frac{3}{8}=\frac{9}{8}=1\frac{1}{8}$ (kW)

$\Rightarrow$ (두 세탁기가 소비한 전력)

$=1\frac{2}{8}+1\frac{1}{8}=2\frac{3}{8}$ (kW)

13 두 대분수의 합은 $8\frac{1}{6}=\frac{49}{6}$, 차는 $\frac{5}{6}$입니다.

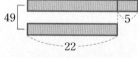

합이 49, 차가 5인 두 수를 알아보면 $49-5=44$, $44\div2=22$이므로 22와 $22+5=27$ 입니다.

따라서 두 대분수는 $\frac{27}{6}=4\frac{3}{6}$, $\frac{22}{6}=3\frac{4}{6}$입니다.

14 두 번 뛰어서 세어 $2-\frac{6}{7}=1\frac{1}{7}$만큼 커졌습니다.

$1\frac{1}{7}=\frac{8}{7}=\frac{4}{7}+\frac{4}{7}$이므로 $\frac{4}{7}$씩 뛰어서 세는 규칙입니다.

⊙은 2에서 $\frac{4}{7}$씩 세 번 뛰어서 센 수입니다.

⇨ ⊙ $= 2 + (\frac{4}{7} + \frac{4}{7} + \frac{4}{7})$

$= 2 + \frac{12}{7} = 2 + 1\frac{5}{7}$

$= 3\frac{5}{7}$

다른 풀이 ⊙은 $\frac{6}{7}$에서 $\frac{4}{7}$씩 5번 뛰어서 센 수입니다.

⇨ ⊙ $= \frac{6}{7} + (\frac{4}{7} + \frac{4}{7} + \frac{4}{7} + \frac{4}{7} + \frac{4}{7})$

$= \frac{6}{7} + \frac{20}{7} = \frac{26}{7} = 3\frac{5}{7}$

15 두 대분수의 분모가 같으므로 두 대분수의 분모는 2장이 있는 수 카드의 수인 8입니다.

8을 제외한 수 카드 3, 5, 7, 2 중에서 차가 가장 작은 두 수인 3과 2를 자연수 부분에 놓습니다.

차가 가장 작아야 하므로 분수 부분은 빼지는 수가 빼는 수보다 작아야 합니다.

따라서 차가 가장 작은 대분수의 뺄셈식을 계산하면

$3\frac{5}{8} - 2\frac{7}{8} = 2\frac{13}{8} - 2\frac{7}{8} = \frac{6}{8}$입니다.

16 주스 전체 무게의 $\frac{4}{7}$는

$3 - 1\frac{14}{17} = 2\frac{17}{17} - 1\frac{14}{17} = 1\frac{3}{17}$ (kg)입니다.

$1\frac{3}{17} = \frac{20}{17} = \frac{5}{17} + \frac{5}{17} + \frac{5}{17} + \frac{5}{17}$이므로 주스 전체 무게의 $\frac{1}{7}$은 $\frac{5}{17}$ kg입니다.

따라서 빈 병의 무게는 $1\frac{14}{17}$ kg에서 주스 전체 무게의 $\frac{3}{7}$만큼 뺀 것과 같으므로

$1\frac{14}{17} - \frac{5}{17} - \frac{5}{17} - \frac{5}{17}$

$= \frac{31}{17} - \frac{5}{17} - \frac{5}{17} - \frac{5}{17} = \frac{16}{17}$ (kg)

입니다.

17

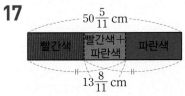

페인트가 담긴 깊이를 □ cm라 하면

$\square + \square - 13\frac{8}{11} = 50\frac{5}{11}$,

$\square + \square = 50\frac{5}{11} + 13\frac{8}{11} = 64\frac{2}{11}$

$64\frac{2}{11} = 32\frac{1}{11} + 32\frac{1}{11}$이므로 □ $= 32\frac{1}{11}$입니다.

따라서 통에 페인트가 담긴 깊이는 $32\frac{1}{11}$ cm입니다.

18 **평가상의 유의점** 틀린 이유를 바르게 설명했는지 확인합니다.

단계	채점 기준	점수
❶	틀린 이유 설명하기	3점
❷	바르게 계산하기	2점

19 **평가상의 유의점** 어떤 수가 얼마인지 구하고 바르게 계산했는지 확인합니다.

단계	채점 기준	점수
❶	어떤 수 구하기	3점
❷	바르게 계산한 값 구하기	2점

20 **평가상의 유의점** 색 테이프는 모두 몇 번 뺄 수 있는지 구한 다음 남는 색 테이프의 길이를 구했는지 확인합니다.

단계	채점 기준	점수
❶	$6\frac{3}{5}$에서 $1\frac{2}{5}$씩 계속 빼 보기	3점
❷	몇 도막까지 자를 수 있고, 몇 m가 남는지 구하기	2점

21 **평가상의 유의점** 만들 수 있는 대분수를 모두 알아보고 그 합을 구했는지 확인합니다.

단계	채점 기준	점수
❶	만들 수 있는 대분수 중에서 자연수 부분이 1, 분모가 5인 분수를 모두 알아보기	2점
❷	만들 수 있는 대분수들의 합 구하기	3점

22 **평가상의 유의점** 세 진분수의 분자의 합을 이용하여 서로 다른 세 진분수의 분자가 될 수 있는 수를 모두 구했는지 확인합니다.

단계	채점 기준	점수
❶	세 진분수의 분자의 합 구하기	2점
❷	서로 다른 세 진분수가 모두 몇 가지인지 구하기	3점

2 삼각형

고수 확인문제

29쪽

1 6	**2** 70°	**3** 36 cm	**4** ㉢
5 ㉣	**6** 1개		

1 이등변삼각형은 두 변의 길이가 같습니다.

2 (각 ㄱㄴㄷ)+(각 ㄱㄷㄴ)=180°−40°=140°
삼각형 ㄱㄴㄷ은 이등변삼각형이므로 두 각의 크기가 같습니다.
⇨ (각 ㄱㄴㄷ)=(각 ㄱㄷㄴ)=140°÷2=70°

3 정삼각형은 세 변의 길이가 모두 같습니다.
⇨ (정삼각형의 세 변의 길이의 합)
= 12×3=36 (cm)

4 ㉠ 세 각이 모두 예각입니다. ⇨ 예각삼각형
㉡ 세 각이 모두 예각입니다. ⇨ 예각삼각형
㉢ 한 각(95°)이 둔각입니다. ⇨ 둔각삼각형

5 ㉠, ㉡으로 옮기면 둔각삼각형이 되고 ㉢으로 옮기면 직각삼각형이 됩니다.

6 이등변삼각형이면서 예각삼각형인 삼각형은 삼각형 ㄱㄷㄹ이므로 1개입니다.

STEP 1 고수 대표유형문제

30~34쪽

❶ 대표문제 13 cm
1단계 11 2단계 11, 11, 13
유제 **1** 16 cm 유제 **2** 19 cm

❷ 대표문제 91 cm
1단계 7 2단계 13, 13, 7, 91
유제 **3** 42 cm 유제 **4** 27 cm

❸ 대표문제 80°
1단계 130, 50 2단계 ㄱㄷ, ㄱㄷㄴ, 50
3단계 50, 50, 80
유제 **5** 40° 유제 **6** 125°

❹ 대표문제 예각삼각형, 이등변삼각형
1단계 65 2단계 65, 예각에 ○표, 예각
3단계 65, 이등변
유제 **7** 직각삼각형, 이등변삼각형
유제 **8** 둔각삼각형, 이등변삼각형

❺ 대표문제 5개
1단계 ②, 1 2단계 ③, 2 3단계 ③, ③, ④, 2
4단계 1, 2, 2, 5
유제 **9** 9개
유제 **10** 둔각삼각형, 6개

유제 **1** (변 ㄱㄴ)+(변 ㄱㄷ)
= (삼각형 ㄱㄴㄷ의 세 변의 길이의 합)
−(변 ㄴㄷ)
= 40−8=32 (cm)
⇨ 이등변삼각형은 두 변의 길이가 같으므로
(변 ㄱㄴ)=(변 ㄱㄷ)=32÷2=16 (cm)입니다.

유제 **2** 정삼각형에서 세 변의 길이의 합은
17×3=51 (cm)입니다.
이등변삼각형은 두 변의 길이가 같으므로 변 ㄱㄷ의 길이는 16 cm입니다.
⇨ (변 ㄴㄷ의 길이)=51−16−16=19 (cm)

유제 **3** 초록색 선의 길이는 정삼각형의 한 변의 길이의 6배와 같습니다.
⇨ 정삼각형의 한 변의 길이는 7 cm이므로 초록색 선의 길이는 7×6=42 (cm)입니다.

유제 **4** 보라색 선의 길이는 정삼각형의 한 변의 길이의 8배와 같습니다.
정삼각형의 한 변의 길이를 □ cm라 하면 보라색 선의 길이는 72 cm이므로
□×8=72, □=72÷8=9입니다.
따라서 정삼각형의 한 변의 길이는 9 cm이고 정삼각형은 세 변의 길이가 같으므로 정삼각형의 세 변의 길이의 합은 9×3=27 (cm)입니다.

유제 5 직선을 이루는 각의 크기는 180°이므로
(각 ㄱㄷㄴ)=180°−80°=100°이고
(각 ㄷㄱㄴ)+(각 ㄷㄴㄱ)=180°−100°=80°입니다.
(변 ㄷㄱ)=(변 ㄷㄴ)이고, 이등변삼각형은 두 각의 크기가 같으므로
(각 ㄷㄴㄱ)=(각 ㄷㄱㄴ)=80°÷2=40°입니다.

유제 6 삼각형의 세 각의 크기의 합은 180°이므로
(각 ㄴㄱㄷ)+(각 ㄴㄷㄱ)=180°−70°=110°입니다.
(변 ㄴㄱ)=(변 ㄴㄷ)이고, 이등변삼각형은 두 각의 크기가 같으므로
(각 ㄴㄱㄷ)=(각 ㄴㄷㄱ)=110°÷2=55°입니다.
따라서 직선을 이루는 각의 크기는 180°이므로
(각 ㄴㄷㄹ)=180°−55°=125°입니다.

유제 7 삼각형의 세 각의 크기의 합은 180°이므로 나머지 한 각의 크기는 180°−45°−45°=90°입니다.
➡ 한 각의 크기가 90°이므로 직각삼각형이고, 두 각의 크기가 45°로 같으므로 이등변삼각형입니다.

유제 8

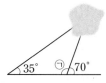

직선을 이루는 각의 크기는 180°이므로
㉠=180°−70°=110°입니다.
삼각형의 세 각의 크기의 합은 180°이므로 나머지 한 각의 크기는 180°−35°−110°=35°입니다.
➡ 한 각의 크기가 110°로 둔각이므로 둔각삼각형이고, 두 각의 크기가 35°로 같으므로 이등변삼각형입니다.

유제 9

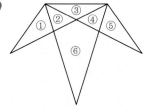

• 도형 1개짜리: ①, ③, ⑤ ➡ 3개
• 도형 2개짜리: ①+②, ②+⑥, ④+⑥, ④+⑤ ➡ 4개
• 도형 3개짜리: ①+②+③, ③+④+⑤ ➡ 2개
따라서 크고 작은 둔각삼각형은 모두
3+4+2=9(개)입니다.

유제 10

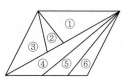

• 예각삼각형: ②, ①+②, ②+③ ➡ 3개
• 둔각삼각형: ①, ③, ④, ⑤, ⑥, ④+⑤, ⑤+⑥, ①+②+③, ④+⑤+⑥ ➡ 9개
따라서 둔각삼각형이 예각삼각형보다 9−3=6(개) 더 많습니다.

1 7개   **2** 21 cm   **3** 45°, 55°, 60°
4 예

5 25°   **6** 33 cm
7 9 cm   **8** 10 cm
9 6 cm, 8 cm / 7 cm, 7 cm   **10** 5개
11 48 cm   **12** 79°   **13** 30 cm   **14** 3가지
15 80 cm   **16** 39°   **17** 150°
18 예각삼각형

1 • 준영: 예각이 2개, 직각이 0개, 둔각이 1개
• 현석: 예각이 2개, 직각이 1개, 둔각이 0개
• 유림: 예각이 3개, 직각이 0개, 둔각이 0개
따라서 예각은 모두 2+2+3=7(개)입니다.

2 자른 두 변의 길이가 같으므로 이등변삼각형입니다.
삼각형을 펼쳤을 때 꼭짓점 ㄱ에서 이루어지는 각의 크기는 30°+30°=60°이고 나머지 두 각의 크기는 같으므로 180°−60°=120°, 120°÷2=60°에서 각각 60°입니다.
따라서 만들어진 삼각형은 정삼각형이고 정삼각형의 세 변의 길이는 같으므로 세 변의 길이의 합은 7×3=21 (cm)입니다.

3
  - $60°$, $25°$이면 $180°-60°-25°=95°$
    ⇨ 둔각삼각형
  - $60°$, $30°$이면 $180°-60°-30°=90°$
    ⇨ 직각삼각형
  - $60°$, $45°$이면 $180°-60°-45°=75°$
    ⇨ 예각삼각형
  - $60°$, $55°$이면 $180°-60°-55°=65°$
    ⇨ 예각삼각형
  - $60°$, $60°$이면 $180°-60°-60°=60°$
    ⇨ 예각삼각형

따라서 이 삼각형의 다른 한 각의 크기가 될 수 있는 각도는 $45°$, $55°$, $60°$입니다.

4 직선을 그어 만든 세 개의 삼각형은 각각 세 각 중 한 각이 둔각이어야 합니다.

5 삼각형 ㄱㄴㄹ은 이등변삼각형이므로
$180°-80°=100°$,
(각 ㄴㄹㄱ)=(각 ㄴㄱㄹ)$=100°÷2=50°$입니다.
직선이 이루는 각의 크기는 $180°$이므로
(각 ㄴㄹㄷ)$=180°-50°=130°$입니다.
  ⇨ 삼각형 ㄴㄷㄹ은 이등변삼각형이므로
    $180°-130°=50°$,
    (각 ㄴㄷㄹ)=(각 ㄷㄴㄹ)$=50°÷2=25°$입니다.

6 (각 ㄱㄷㄴ)$=180°-120°=60°$
(각 ㄴㄱㄷ)$=180°-60°-60°=60°$
세 각의 크기가 모두 $60°$이므로 삼각형 ㄱㄴㄷ은 정삼각형입니다.
  ⇨ (삼각형 ㄱㄴㄷ의 세 변의 길이의 합)
    $=11×3=33$ (cm)

7 정삼각형의 세 변의 길이의 합은 $8×3=24$ (cm)입니다.
이등변삼각형의 세 변의 길이의 합도 24 cm이므로
(변 ㄱㄷ)+(변 ㄴㄷ)$=24-6=18$ (cm)입니다.
  ⇨ (변 ㄱㄷ)=(변 ㄴㄷ)$=18÷2=9$ (cm)

8 (변 ㄴㄷ)+(변 ㄷㄹ)$=50-15-15=20$ (cm)이므로 (변 ㄷㄹ)$=20÷2=10$ (cm)입니다.

9 길이가 같은 두 변의 길이가 각각 6 cm라면 길이가 다른 한 변의 길이는 $20-6-6=8$ (cm)입니다.

길이가 다른 한 변의 길이가 6 cm라면 길이가 같은 두 변의 길이는 $20-6=14$ (cm)이므로 각각
$14÷2=7$ (cm)입니다.
따라서 남은 두 변의 길이는 6 cm, 8 cm 또는
7 cm, 7 cm가 될 수 있습니다.

10

  - 삼각형 1개짜리: ③, ④ ⇨ 2개
  - 삼각형 2개짜리: ③+⑤, ④+⑥ ⇨ 2개
  - 삼각형 7개짜리: ①+②+③+④+⑤+⑥+⑦
    ⇨ 1개
따라서 크고 작은 예각삼각형은 모두
$2+2+1=5$(개)입니다.

11 빨간색 선의 길이는 정삼각형의 한 변의 길이의 6배이므로 정삼각형의 한 변의 길이는 $24÷6=4$ (cm)입니다.
따라서 초록색 선의 길이는 정삼각형의 한 변의 길이의 12배이므로 $4×12=48$ (cm)입니다.

12 삼각형 ㄱㄴㄷ에서 $180°-38°=142°$이므로
(각 ㄴㄷㄱ)=(각 ㄴㄱㄷ)$=142°÷2=71°$입니다.
삼각형 ㅁㄷㄹ에서 $180°-120°=60°$이므로
(각 ㄹㄷㅁ)=(각 ㄹㅁㄷ)$=60°÷2=30°$입니다.
  ⇨ 직선 ㄴㄹ이 이루는 각의 크기는 $180°$이므로
    (각 ㄱㄷㅁ)$=180°-71°-30°=79°$입니다.

13 (변 ㄱㄷ)=(변 ㄴㄷ)$=9$ cm이므로
(변 ㄱㄴ)$=24-9-9=6$ (cm)입니다.
삼각형 ㄱㄴㄹ은 정삼각형이므로
(변 ㄱㄹ)=(변 ㄴㄹ)=(변 ㄱㄴ)$=6$ cm입니다.
  ⇨ (색칠한 부분의 모든 변의 길이의 합)
    $=9+6+6+9=30$ (cm)

14 길이가 다른 한 변이 1 cm, 2 cm, 3 cm……일 때 다른 두 변의 길이가 자연수가 되는 경우를 찾습니다.
따라서 만들 수 있는 이등변삼각형은
세 변이 1 cm, 6 cm, 6 cm인 삼각형,
세 변이 3 cm, 5 cm, 5 cm인 삼각형,
세 변이 5 cm, 4 cm, 4 cm인 삼각형으로 모두 3가지입니다.

참고

삼각형에서 가장 긴 변의 길이는 짧은 두 변의 길이의 합보다 짧아야 합니다.

15 (직사각형의 가로)=40−15−15=10 (cm)
(직사각형의 세로)=40−16−16=8 (cm)
⇨ (도형의 둘레)=16+16+15+15+8+10
=80 (cm)

16
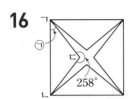
점 ㄷ에서 한 바퀴의 각도는 360°이므로
(각 ㄱㄷㄴ)=360°−258°=102°입니다.
⇨ 삼각형 ㄱㄴㄷ은 이등변삼각형이므로
180°−102°=78°, ㉠=78°÷2=39°입니다.

17 각 ㅁㄴㄷ은 60°이므로
(각 ㄱㄴㅁ)=90°−60°=30°,
삼각형 ㄱㄴㅁ에서 180°−30°=150°,
(각 ㄱㅁㄴ)=(각 ㅁㄱㄴ)=150°÷2=75°입니다.
같은 방법으로 (각 ㄹㅁㄷ)=75°입니다.
따라서 점 ㅁ에서 이루는 각도가 360°이므로
(각 ㄱㅁㄹ)=360°−75°−60°−75°=150°입니다.

18 지원이가 그린 삼각형이 이등변삼각형이므로
• 36°인 각이 2개인 경우:
나머지 한 각은 180°−36°−36°=108°가 되어
둔각삼각형입니다. (×)
• ★인 각이 2개인 경우: 180°−36°=144°에서
★=144°÷2=72°이므로 예각입니다. (○)
두리의 삼각형에서 ★=72°이므로 나머지 한 각의
크기는 180°−72°−23°=85°입니다.
따라서 두리가 그린 삼각형은 예각삼각형입니다.

STEP 3 고수 최고문제

38∼39쪽

1 13개	**2** 70°, 70°, 40° / 70°, 55°, 55°		
3 10가지	**4** 65°	**5** 10개	**6** 54°

1
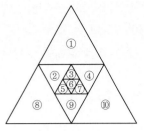

• 삼각형 1개짜리: ①, ②, ③, ④, ⑤, ⑥, ⑦, ⑧,
⑨, ⑩ ⇨ 10개
• 삼각형 4개짜리: ③+⑤+⑥+⑦ ⇨ 1개
• 삼각형 7개짜리: ②+③+④+⑤+⑥+⑦+⑨
⇨ 1개
• 삼각형 10개짜리: ①+②+③+④+⑤+⑥
+⑦+⑧+⑨+⑩ ⇨ 1개
따라서 크고 작은 정삼각형은 모두
10+1+1+1=13(개)입니다.

2 두 각의 크기의 합이 110°이므로 나머지 한 각의 크
기는 180°−110°=70°입니다.
• 크기가 같은 두 각의 크기가 각각 70°일 때 나머지
한 각의 크기는 180°−70°−70°=40°입니다.
• 크기가 다른 한 각의 크기가 70°일 때 크기가 같은
두 각의 크기를 각각 □라 하면
□+□+70°=180°, □+□=110°, □=55°
입니다.
따라서 이등변삼각형의 세 각의 크기가 될 수 있는 각
도는 70°, 70°, 40° 또는 70°, 55°, 55°입니다.

3 • 95°를 고른 경우: 95°와 합하여 180°보다 작아야
하므로 15°, 25°, 45°, 65°를 나머지 한 각의 크기
로 고를 수 있습니다. ⇨ 4가지
• 145°를 고른 경우: 145°와 합하여 180°보다 작아
야 하므로 15°, 25°를 나머지 한 각의 크기로 고를
수 있습니다. ⇨ 2가지
• 2개의 예각의 크기의 합이 90°보다 작으면 나머지
한 각은 90°보다 크므로 둔각삼각형이 됩니다.
15°와 25°, 15°와 45°, 15°와 65°, 25°와 45°
⇨ 4가지
따라서 둔각삼각형을 만들기 위해 고를 수 있는 두 각
도는 모두 4+2+4=10(가지)입니다.

4 삼각형 ㅁㄱㄹ은 이등변삼각형이므로
(각 ㄹㄱㅁ)=(각 ㄹㅁㄱ)=70°이고,
(각 ㄱㄹㅁ)=180°−70°−70°=40°입니다.

(각 ㅁㄹㄷ)=40°+90°=130°이고 삼각형 ㅁㄷㄹ도 이등변삼각형이므로 180°−130°=50°,
(각 ㅁㄷㄹ)=(각 ㄷㅁㄹ)=50°÷2=25°입니다.
따라서 삼각형 ㄹㅂㄷ에서
(각 ㄹㅂㄷ)=180°−90°−25°=65°입니다.

5

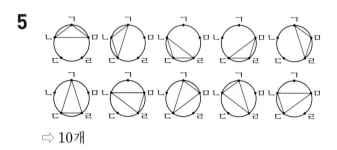

⇨ 10개

6

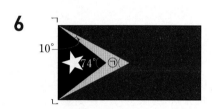

검은색 삼각형이 이등변삼각형이므로 크기가 같은 두 각도는 각각 180°−74°=106°, 106°÷2=53°입니다.
삼각형 ㄱㄴㄷ도 이등변삼각형이므로 크기가 같은 두 각도는 각각 53°+10°=63°입니다.
따라서 삼각형 ㄱㄴㄷ에서
㉠=180°−63°−63°=54°입니다.

고수 단원평가문제

40~44쪽

1 이등변삼각형   **2** 정삼각형
3 3개, 2개   **4** 3가지
5 현석, 예 나는 둔각 1개와 예각 2개로 이루어진 삼각형을 그렸어.
6 둔각삼각형   **7** 10 cm
8 54°   **9** 2개
10 36 cm   **11** 60°

12 8개   **13** 50°, 80° / 65°, 65°
14 3개   **15** 35°
16 15°   **17** 105°
18 답 ❶ 정삼각형이라고 할 수 없습니다.
이유 예 ❷ 정삼각형은 세 변의 길이가 모두 같은 삼각형입니다. 오른쪽 삼각형은 두 변의 길이가 같으므로 이등변삼각형이지만 정삼각형이라고 할 수 없습니다.
19 풀이 ❶ 삼각형의 세 각의 크기의 합은 180°이므로 나머지 한 각의 크기를 구하면 180°−60°−60°=60°입니다. 세 각의 크기가 모두 60°이므로 정삼각형입니다. ❷ 정삼각형은 세 변의 길이가 같으므로 변 ㄴㄷ의 길이는 42÷3=14 (cm)입니다. 답 14 cm
20 풀이 ❶ 삼각형의 세 각의 크기의 합은 180°이므로 (나머지 한 각의 크기)=180°−68°−44°=68°입니다. ❷ 두 각의 크기가 같으므로 이등변삼각형입니다. ❸ 세 각이 모두 예각이므로 예각삼각형입니다. 답 이등변삼각형, 예각삼각형
21 풀이 ❶ 이등변삼각형은 두 변의 길이가 같으므로 세 변의 길이는 각각 9 cm, 9 cm, 15 cm이고 이등변삼각형의 세 변의 길이의 합은 9+9+15=33 (cm)입니다.
❷ 정삼각형의 세 변의 길이의 합도 33 cm이고, 정삼각형은 세 변의 길이가 모두 같으므로 정삼각형 한 변의 길이는 33÷3=11 (cm)입니다.
답 11 cm
22 풀이 ❶ (각 ㅁㄷㅂ)=60°이므로 (각 ㅁㄷㄴ)=180°−60°=120°입니다. 삼각형 ㅁㄴㄷ이 이등변삼각형이므로 180°−120°=60°, (각 ㅁㄴㄷ)=(각 ㄴㅁㄷ)=60°÷2=30°입니다. ❷ (각 ㄱㄴㅁ)=(각 ㄱㄴㄷ)−(각 ㅁㄴㄷ) =90°−30°=60° 답 60°

1 수수깡 2개의 길이가 같으므로 두 변의 길이가 같은 이등변삼각형을 만들 수 있습니다.

2 세 변의 길이가 같은 삼각형은 정삼각형이고, 정삼각형은 예각삼각형입니다.

3 • 예각삼각형: 나, 마, 바 ⇨ 3개
• 직각삼각형: 가, 사 ⇨ 2개
• 둔각삼각형: 다, 라 ⇨ 2개

4 • ㉠, ㉢, ㉱으로 옮기면 둔각삼각형이 됩니다.
• ㉣로 옮기면 직각삼각형이 됩니다.
• ㉲, ㉳으로 옮기면 예각삼각형이 됩니다.

5 둔각은 90°보다 크고 180°보다 작은 각입니다. 삼각형의 세 각의 크기의 합은 180°이므로 둔각 2개와 예각 1개로 이루어진 삼각형은 그릴 수 없습니다.

6 삼각형의 세 각의 크기의 합은 180°이므로
(나머지 한 각의 크기)=180°-55°-30°=95°입니다.
⇨ 95°는 둔각이므로 주어진 각으로 이루어진 삼각형은 둔각삼각형입니다.

> **참고**
> 둔각이 있는 삼각형은 둔각삼각형입니다. 둔각삼각형은 1개의 둔각과 2개의 예각으로 이루어져 있습니다.

7 (변 ㄱㄴ)=(변 ㄱㄷ)인 이등변삼각형이므로
(변 ㄱㄴ)+(변 ㄱㄷ)=35-15=20 (cm)입니다.
⇨ (변 ㄱㄴ)=(변 ㄱㄷ)=20÷2=10 (cm)

8 이등변삼각형이므로 아래쪽의 두 각의 크기는 각각 63°입니다.
삼각형의 세 각의 크기의 합은 180°이므로
㉠=180°-63°-63°=54°입니다.

9 한 꼭짓점에서 선을 그어 오른쪽 그림과 같이 나눌 수 있습니다. 이등변삼각형이면서 둔각삼각형인 삼각형은 ㉠, ㉱으로 2개입니다.

10 삼각형 ㄱㄴㄷ에서 (변 ㄱㄷ)=(변 ㄱㄴ)=8 cm,
(변 ㄴㄷ)=21-8-8=5 (cm)이므로
정삼각형의 한 변의 길이는 5 cm입니다.
⇨ (빨간색 선의 길이)=8+8+5+5+5+5
=36 (cm)

11 정삼각형의 한 각의 크기는 60°이므로
(각 ㄱㄷㅁ)=180°-60°-60°=60°입니다.

12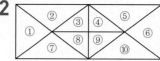

• 삼각형 1개짜리: ②, ⑤, ⑦, ⑩ ⇨ 4개
• 삼각형 2개짜리: ③+④, ⑧+⑨ ⇨ 2개
• 삼각형 6개짜리: ②+③+④+⑤+⑧+⑨,
③+④+⑦+⑧+⑨+⑩
⇨ 2개
따라서 크고 작은 둔각삼각형은 모두
4+2+2=8(개)입니다.

13 크기가 같은 두 각의 크기 중 한 각의 크기가 50°일 때 다른 각의 크기도 50°이므로 나머지 한 각의 크기는 180°-50°-50°=80°입니다.
크기가 다른 한 각의 크기가 50°일 때 크기가 같은 두 각의 크기를 각각 □라 하면 □+□+50°=180°,
□+□=130°, □=65°입니다.
따라서 이등변삼각형의 나머지 두 각의 크기가 될 수 있는 각도는 50°와 80° 또는 65°와 65°입니다.

14 원의 반지름을 두 변으로 하는 삼각형이므로 이등변삼각형입니다. 크기가 같은 두 각의 크기를 30°라고 하면 나머지 한 각의 크기는
180°-30°-30°=120°입니다.
따라서 원의 중심에서 120°인 각도로 나누면 한 각의 크기가 30°인 삼각형은 오른쪽과 같이 3개까지 그릴 수 있습니다.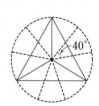

15 삼각형 ㄹㄴㄷ은 이등변삼각형이므로
180°-130°=50°,
(각 ㄹㄴㄷ)=(각 ㄹㄷㄴ)=50°÷2=25°입니다.
⇨ (각 ㄱㄴㄹ)=60°-25°=35°

16 (각 ㄱㅁㄹ)=(각 ㄱㅁㄷ)+(각 ㄷㅁㄹ)
=90°+60°=150°
삼각형 ㅁㄱㄹ은 이등변삼각형이므로
180°-150°=30°,
(각 ㅁㄱㄹ)=(각 ㅁㄹㄱ)=30°÷2=15°입니다.

17 삼각형 ㄹㄴㄷ은 정삼각형이므로 (각 ㄹㄴㄷ)=60°,
(각 ㄱㄴㅁ)=90°-60°=30°입니다.
삼각형 ㄱㄴㄷ은 이등변삼각형이므로

(각 ㄴㄱㄷ)=(각 ㄴㄷㄱ)=90°÷2=45°입니다.

⇨ 삼각형의 세 각의 크기의 합은 180°이므로
   (각 ㄱㅁㄴ)=180°−45°−30°=105°입니다.

18 평가상의 유의점 이등변삼각형임을 알고 정삼각형이 아닌 이유를 설명했는지 확인합니다.

단계	채점 기준	점수
❶	정삼각형이라고 할 수 없다고 쓰기	2점
❷	이유를 설명하기	3점

19 평가상의 유의점 나머지 각의 크기를 구하여 어떤 삼각형인지 구하고 변 ㄴㄷ의 길이를 구했는지 확인합니다.

단계	채점 기준	점수
❶	어떤 삼각형인지 알아보기	3점
❷	변 ㄴㄷ의 길이 구하기	2점

20 평가상의 유의점 나머지 한 각의 크기를 구하여 어떤 삼각형으로 분류했는지 확인합니다.

단계	채점 기준	점수
❶	나머지 한 각의 크기 구하기	1점
❷	변의 길이에 따라 분류하기	2점
❸	각의 크기에 따라 분류하기	2점

21 평가상의 유의점 이등변삼각형을 이용하여 정삼각형의 세 변의 길이의 합을 구하고 정삼각형의 한 변의 길이를 구했는지 확인합니다.

단계	채점 기준	점수
❶	이등변삼각형의 세 변의 길이의 합 구하기	2점
❷	정삼각형의 한 변의 길이 구하기	3점

22 평가상의 유의점 정삼각형과 이등변삼각형의 성질을 이용하여 각 ㄱㄴㅁ의 크기를 구했는지 확인합니다.

단계	채점 기준	점수
❶	각 ㅁㄷㄴ, 각 ㅁㄴㄷ의 크기 구하기	3점
❷	각 ㄱㄴㅁ의 크기 구하기	2점

고수 확인문제

48~49쪽

1 0.67

2 일, 3 / 소수 첫째, 0.8 / 소수 둘째, 0.09

3 ⤬

4 (1) 0.08 (2) 0.008

5 (1) 0.07Ø (2) 3.90Ø **6** (1) < (2) >

7 0.07 / 0.238, 23.8 **8** 0.6, 1.4

9 (1) 3.6 (2) 0.75 (3) 5.14

10 3.22

11 9.4 cm **12** 0.19, 0.55

13
$$\begin{array}{r} \overset{3\ 10}{\cancel{4}.25} \\ -\ 1.8 \\ \hline 2.45 \end{array}$$

14 3.74 m

1 모눈 한 칸은 0.01을 나타냅니다.
색칠한 칸은 67칸이고 0.01이 67개이면 0.67입니다.

2

일의 자리		소수 첫째 자리	소수 둘째 자리
3	.		
0	.	8	
0	.	0	9

3 • $\dfrac{804}{1000}=0.804$

• 0.482 ⇨ 영 점 사팔이

• 1.84 ⇨ 일 점 팔사

4 (1) 소수 둘째 자리 숫자이므로 0.08을 나타냅니다.
(2) 소수 셋째 자리 숫자이므로 0.008을 나타냅니다.

5 소수점 아래 끝자리의 0은 생략하여 나타낼 수 있습니다.

6 (1) 소수 첫째 자리 수를 비교하면 2.57 < 2.62입니다.
　　　　　　　　　　　　　　└5<6┘
(2) 소수 둘째 자리 수를 비교하면 0.493 > 0.488입니다.
　　　　　　　　　　　　　　　└9>8┘

7 • 소수를 10배 하면 각 자리의 값이 10배가 되므로 소수점을 기준으로 수가 왼쪽으로 한 자리씩 이동합니다.

• 소수의 $\dfrac{1}{10}$을 구하면 각 자리의 값이 $\dfrac{1}{10}$이 되므로 소수점을 기준으로 수가 오른쪽으로 한 자리씩 이동합니다.

8 0.8에서 오른쪽으로 0.6만큼 더 가면 1.4가 됩니다.

9

(1)
$$\begin{array}{r} 1 \\ 2.9 \\ +\ 0.7 \\ \hline 3.6 \end{array}$$

(2)
$$\begin{array}{r} 1 \\ 0.27 \\ +\ 0.48 \\ \hline 0.75 \end{array}$$

(3)
$$\begin{array}{r} 1 \\ 3.50 \\ +\ 1.64 \\ \hline 5.14 \end{array}$$

10 0.53+2.69=3.22

11 (일주일 후 식물의 키)
＝(처음 식물의 키)
　＋(일주일 동안 자란 식물의 키)
＝8.5+0.9=9.4 (cm)

12 모눈 한 칸은 0.01을 나타냅니다.
모눈 74칸 중에서 19칸을 지운 것이므로
0.74−0.19=0.55입니다.

13 소수점의 위치를 맞추어 쓰지 않아 같은 자리 수끼리 계산하지 않았습니다.

14 (남은 철사의 길이)
＝(전체 철사의 길이)−(사용한 철사의 길이)
＝6.23−2.49=3.74 (m)

STEP 1 고수 대표유형문제

50~57쪽

1 대표문제 ㉢

1단계 셋째 **2단계** 8.435

유제 **1** 94.7, 2.749 유제 **2** 일 점 오이사

2 대표문제 수아

1단계 1.926, 1.926, 1.926, 19.26 **2단계** 수아

유제 **3** ㉠, ㉣ 유제 **4** 0.83

③ 대표문제 3.757

1단계 3, 3   2단계 7, 5, 7   3단계 3.757

유제 **5** 5.285

④ 대표문제 6.17 m

1단계 2.67, 0.83, 3.5   2단계 2.67, 3.5, 6.17

유제 **6** 15.75 km   유제 **7** 3.4 kg

⑤ 대표문제 6, 7, 8, 9

1단계 2, >   2단계 <   3단계 6, 7, 8, 9

유제 **8** 0, 1, 2, 3   유제 **9** 4개

⑥ 대표문제 2, 5, 2

1단계 10, 2   2단계 1, 5   3단계 1, 2

유제 **10** 20   유제 **11** (위에서부터) 9, 6, 8

⑦ 대표문제 2.35

1단계 12.15   2단계 12.15, 12.15, 7.25, 7.25

3단계 7.25, 4.9, 2.35

유제 **12** 8.31   유제 **13** 3.49

⑧ 대표문제 10.29

1단계 7.62   2단계 2.67

3단계 7.62, 2.67, 10.29

유제 **14** 4.95   유제 **15** 110.1

유제 **1** 0.7에서 7은 소수 첫째 자리 숫자입니다. 주어진 수 중 소수 첫째 자리 숫자가 7인 수는 94.7, 2.749 입니다.

유제 **2** 수에서는 높은 자리일수록 큰 값을, 낮은 자리일 수록 작은 값을 나타냅니다. 따라서 숫자 4가 가장 낮 은 자리에 있는 수를 찾으면 1.524이고 일 점 오이사 라고 읽습니다.

유제 **3**

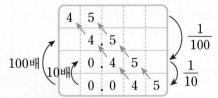

⇨ ㉠ 0.45 ㉡ 0.045 ㉢ 4.5 ㉣ 0.45

유제 **4**

어떤 수의 $\frac{1}{10}$이 0.083이므로 어떤 수는 0.083의 10배입니다.
0.083을 10배 하면 각 자리의 값이 10배가 되므로 0.83입니다.
따라서 어떤 수는 0.83입니다.

유제 **5** 5보다 크고 6보다 작은 소수 세 자리 수이므로 일 의 자리 숫자는 5입니다. ⇨ 5.□□□
소수 첫째 자리 숫자는 2, 소수 둘째 자리 숫자는 8이 고, 소수 셋째 자리 숫자는 2+3=5입니다.
따라서 조건을 모두 만족하는 소수는 5.285입니다.

유제 **6** (달리기를 하는 거리)
＝(전체 거리)－(자전거를 타는 거리)
  －(수영을 하는 거리)
＝80－60.75－3.5
＝19.25－3.5＝15.75 (km)

유제 **7** 잼을 만들고 남은 설탕은 6－4.85＝1.15 (kg)이 고, 더 산 설탕은 2.25 kg이므로 지금 있는 설탕은 1.15＋2.25＝3.4 (kg)입니다.

유제 **8** 일의 자리 수는 5로 같고, 소수 둘째 자리 수를 비 교하면 7<9입니다.
5.47>5.□9가 되려면 소수 첫째 자리 수의 크기는 4>□이어야 합니다.
따라서 □ 안에 들어갈 수 있는 수는 0, 1, 2, 3입니다.

유제 **9** 일의 자리 수는 7, 소수 첫째 자리 수는 2로 같고 소수 셋째 자리 수를 비교하면 5<8입니다.
7.265<7.2□8이 되려면 소수 둘째 자리 수의 크기 는 □=6이거나 6<□이어야 합니다.
따라서 □ 안에 들어갈 수 있는 수는 6, 7, 8, 9로 모 두 4개입니다.

> 주의
> □=6일 때 7.265<7.268이므로 □=6인 경우도 빠트리 지 않도록 주의합니다.

유제 **10** • 소수 둘째 자리: 받아올림을 생각하면
5+㉡=13에서 ㉡=8입니다.
• 소수 첫째 자리: 소수 둘째 자리에서 받아올림한 수 와 일의 자리로 받아올림하는 수를 생각하면
1+㉠+8=14에서 ㉠=5입니다.

- 일의 자리: 소수 첫째 자리에서 받아올림했으므로
  1＋4＋2＝ⓒ, ⓒ＝7입니다.
  ⇨ ㉠＋ⓛ＋ⓒ＝5＋8＋7＝20

유제 11
$$\begin{array}{r} ㉠ \,.\, 3 \\ -\ 5 \,.\, 4\ ⓛ \\ \hline 3 \,.\, ⓒ\ 4 \end{array}$$

- 소수 둘째 자리: 소수 첫째 자리에서 받아내림하면
  10－ⓛ＝4에서 ⓛ＝6입니다.
- 소수 첫째 자리: 소수 둘째 자리로 받아내림한 수와
  일의 자리에서 받아내림하는 수를 생각하면
  3－1＋10－4＝ⓒ, ⓒ＝8입니다.
- 일의 자리: 소수 첫째 자리로 받아내림하였으므로
  ㉠－1－5＝3에서 ㉠＝9입니다.

유제 12 어떤 수를 □라 하면 잘못 계산한 식은
□－2.85＝2.61입니다.
□＝2.61＋2.85＝5.46이므로 어떤 수는 5.46입니다.
따라서 바르게 계산하면 5.46＋2.85＝8.31입니다.

유제 13 어떤 수를 □라 하면 잘못 계산한 식은
□－1.62＋0.85＝1.95입니다.
□＝1.95－0.85＋1.62＝1.1＋1.62＝2.72이므로 어떤 수는 2.72입니다.
따라서 바르게 계산하면
2.72＋1.62－0.85＝4.34－0.85＝3.49입니다.

유제 14 소수 두 자리 수이므로 □.□□와 같이 만듭니다.
가장 큰 소수는 일의 자리부터 큰 수를 차례로 놓아야 하므로 8.43입니다.
가장 작은 소수는 일의 자리부터 작은 수를 차례로 놓아야 하므로 3.48입니다.
따라서 가장 큰 수와 가장 작은 수의 차는
8.43－3.48＝4.95입니다.

유제 15 소수 첫째 자리 숫자가 0인 소수 두 자리 수이므로 □□.0□와 같이 만듭니다.
높은 자리에 큰 수를 놓을수록 큰 수가 되므로 가장 큰 수는 95.01이고 두 번째로 큰 수는 91.05입니다.
높은 자리에 작은 수를 놓을수록 작은 수가 되므로 가장 작은 수는 15.09이고 두 번째로 작은 수는 19.05입니다.

따라서 두 번째로 큰 수와 두 번째로 작은 수의 합은
91.05＋19.05＝110.1입니다.

1 ㉠ 1.53, ⓛ 1.65	**2** 100배
3 공원, 도서관, 영화관	**4** 9.81 cm
5 다	**6** 0.56, 0.57, 0.58, 0.59
7 5.75	**8** 7920
9 0.48	**10** 7.98
11 2.26 GB	**12** ㉮ 2.47, ㉯ 1.87
13 2.82 L	**14** 0.31
15 4.4	**16** 5개
17 1.07 m	**18** 1.66
19 6.62 km	**20** 8.73, 8.74, 8.75
21 0.81 km	**22** 29.6 cm
23 1.752	**24** ㉣, ⓛ, ㉠, ⓒ

1 1.5와 1.6 사이를 똑같이 10칸으로 나누었습니다.
작은 눈금 한 칸의 크기는 0.1을 똑같이 10으로 나눈 것 중의 1이므로 0.01입니다.
㉠은 1.5에서 오른쪽으로 작은 눈금 3칸만큼 더 갔으므로 1.53입니다. (0.03)
ⓛ은 1.6에서 오른쪽으로 작은 눈금 5칸만큼 더 갔으므로 1.65입니다. (0.05)

2 ㉠은 소수 첫째 자리 숫자이므로 0.8을, ⓛ은 소수 셋째 자리 숫자이므로 0.008을 나타냅니다.

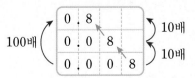

⇨ 0.8은 0.008을 100배 한 수이므로 ㉠이 나타내는 수는 ⓛ이 나타내는 수의 100배입니다.

3 단위를 km로 통일하여 비교합니다.

집~도서관: 0.739 km

집~공원: 342 m=0.342 km

집~영화관: 1.74 km

⇨ 0.342<0.739<1.74이므로 집에서 가까운 곳부터 순서대로 쓰면 공원, 도서관, 영화관입니다.

참고

1000 m=1 km이므로 1 m=0.001 km입니다.

4 정삼각형은 세 변의 길이가 모두 같습니다.

⇨ (정삼각형의 세 변의 길이의 합)

=3.27+3.27+3.27

=6.54+3.27=9.81 (cm)

5 단위를 cm로 통일하여 비교합니다.

가: 225 mm=22.5 cm ⇨ 22.5>22.3

나: 24.58>22.3

다: 22.17<22.3

라: 230 mm=23 cm ⇨ 23>22.3

따라서 22.3 cm보다 작은 신발은 다입니다.

6 $\frac{1}{100}$이 55개인 수는 $\frac{55}{100}$이므로 $\frac{55}{100}$=0.55입니다.

따라서 0.55와 0.6 사이에 있는 소수 두 자리 수는 0.56, 0.57, 0.58, 0.59입니다.

7 ㉮ 1 이 2개 ⇨ 2

0.1 이 6개 ⇨ 0.6

0.01 이 21개 ⇨ 0.21

0.001이 30개 ⇨ 0.03

2.84   ⇨ ㉯−㉮

㉯ 1 이 8개 ⇨ 8   =8.59−2.84

0.1 이 3개 ⇨ 0.3   =5.75

0.01이 29개 ⇨ 0.29

8.59

8

천	백	십	일	소수 첫째	소수 둘째	소수 셋째
7	9	2	0			
	7	9	2			
		7	9	2		
			7	9	2	
				7	9	2
			0	7	9	2

100배 / 100배 / $\frac{1}{100}$

9 ㉮에 3번 넣었다가 빼면 10배씩 3번이므로 1000배가 됩니다.

⇨ 0.048의 1000배는 48입니다.

㉯에 1번 넣었다가 빼면 $\frac{1}{100}$이 됩니다.

⇨ 48의 $\frac{1}{100}$은 0.48입니다.

10 ㉮ 대신에 4.8을, ㉯ 대신에 1.59를 넣어 계산해 봅니다.

4.8⊙1.59=4.8+1.59+1.59

=6.39+1.59=7.98

11 (저장한 파일의 용량)=0.96+3.7+1.08

=4.66+1.08=5.74 (GB)

⇨ (남은 USB의 용량)

=(전체 용량)−(저장한 파일의 용량)

=8−5.74=2.26 (GB)

12 ㉮ 2와 7이 있는 수는 1.27, 2.47, 3.72이고, 이 중에서 2보다 크고 3.5보다 작은 수는 2.47입니다.

㉯ 9가 없는 수는 1.27, 1.87, 2.47, 3.72이고, 이 중에서 1.5보다 크고 2.4보다 작은 수는 1.87입니다.

13 (남아 있는 물의 양)

=7.2−1.46−1.46−1.46

3번

=5.74−1.46−1.46

=4.28−1.46=2.82 (L)

다른 풀이 (덜어 낸 물의 양)=1.46+1.46+1.46

=2.92+1.46=4.38 (L)

⇨ (남아 있는 물의 양)=7.2−4.38

=2.82 (L)

14 (파란색 색종이 수)

=(빨간색 색종이 수)+15

=27+15=42(장)

(노란색 색종이 수)

=(전체 색종이 수)−(빨간색 색종이 수)

−(파란색 색종이 수)

=100−27−42=31(장)

따라서 노란색 색종이 수는 전체 색종이 수의 $\frac{31}{100}$

이므로 소수로 나타내면 0.31입니다.

15 지원: 4.72＋1.5＝6.22

두리: 4.72－2.9＝1.82

⇨ 차: 6.22－1.82＝4.4

다른 풀이 같은 수보다 1.5만큼 더 큰 수와 2.9만큼 더 작은 수의 차는 1.5＋2.9＝4.4와 같습니다.

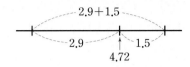

16 0.89＋0.57＝1.46, 1.5＋0.48＝1.98이므로 1.46＜□＜1.98입니다.

따라서 □ 안에 들어갈 수 있는 소수 한 자리 수는 1.5, 1.6, 1.7, 1.8, 1.9로 모두 5개입니다.

17 (두 끈의 길이의 합)＝4.45＋5.85＝10.3 (m)

⇨ (매듭을 짓는 데 사용한 끈의 길이)

＝(두 끈의 길이의 합)－(전체 끈의 길이)

＝10.3－9.23＝1.07 (m)

18 ・2.84＋★＝6.1 ⇨ ★＝6.1－2.84＝3.26

・★－♥＝1.6에서 ★＝3.26이므로

3.26－♥＝1.6입니다.

⇨ ♥＝3.26－1.6＝1.66

19 (가~라)＝(가~다)＋(나~라)－(나~다)

＝4.82＋3.7－1.9

＝8.52－1.9＝6.62 (km)

20 가장 큰 소수 세 자리 수: 8.752

두 번째로 큰 소수 세 자리 수: 8.725

⇨ 8.725와 8.752 사이에 있는 소수 두 자리 수는 8.73, 8.74, 8.75입니다.

21

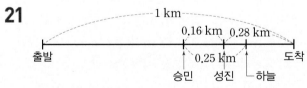

(성진이가 달린 거리)＝1－0.28＝0.72 (km)

(승민이가 달린 거리)＝0.72－0.16＝0.56 (km)

⇨ (하늘이가 달린 거리)＝0.56＋0.25＝0.81 (km)

22 (색 테이프 3장의 길이)

＝10.4＋10.4＋10.4

＝20.8＋10.4＝31.2 (cm)

겹쳐진 부분은 2군데입니다.

(겹쳐진 부분의 길이)＝0.8＋0.8＝1.6 (cm)

⇨ (이어 붙인 색 테이프의 전체 길이)

＝(색 테이프 3장의 길이)－(겹쳐진 부분의 길이)

＝31.2－1.6＝29.6 (cm)

23 ㉠ 1.7보다 크고 1.83보다 작은 소수 세 자리 수이므로 1.7□□ 또는 1.8□□입니다.

㉡ 소수 둘째 자리 숫자는 5이므로 1.75□ 또는 1.85□인데 1.85□는 1.83보다 크므로 조건에 맞지 않습니다. ⇨ 1.75□

㉢ 각 자리의 숫자의 합은 15이므로

1＋7＋5＋□＝15, □＝2입니다.

따라서 주어진 조건을 모두 만족하는 소수 세 자리 수는 1.752입니다.

24 자연수 부분을 비교하면 ㉠, ㉢은 ㉡, ㉣보다 작습니다. ㉠의 □ 안에 0을 넣고 ㉢의 □ 안에 9를 넣어도 ㉠이 더 큽니다.

또 ㉡의 □ 안에 9를 넣고 ㉣의 □ 안에 0을 넣어도 ㉣이 더 큽니다.

⇨ ㉣＞㉡＞㉠＞㉢

STEP **3** 고수 최고문제

62~63쪽

1 두리, 준영, 현석, 기하 **2** ■ 14, ● 7

3 2.459 **4** 25개 **5** 1.76

6 (1) 10.2 (2) 2.33

1 (준영이의 키)＝150－2.6＝147.4 (cm)

(기하의 키)＝(준영이의 키)－1.7

＝147.4－1.7＝145.7 (cm)

(현석이의 키)＝(기하의 키)＋0.4

＝145.7＋0.4＝146.1 (cm)

(두리의 키)＝(현석이의 키)＋1.6

＝146.1＋1.6＝147.7 (cm)

⇨ 147.7＞147.4＞146.1＞145.7이므로 키가 큰 친구부터 순서대로 이름을 쓰면 두리, 준영, 현석, 기하입니다.

2

1이　　2개 → 2

0.1이　6개 → 0.6

0.01이 ■개 → ☐ ⇨ ☐ =0.14

────────────

2.74

⇨ 0.14는 0.01이 14개인 수이므로 ■=14입니다.

0.1이　　3개 → 0.3

0.01이　●개 → ☐ ⇨ ☐ =0.07

0.001이 16개 → 0.016

────────────

0.386

⇨ 0.07은 0.01이 7개인 수이므로 ●=7입니다.

3

㉠ 2보다 크고 3보다 작으므로 일의 자리 숫자는 2입니다. ⇨ 2.☐☐☐

㉡ 일의 자리 숫자가 2이므로 소수 둘째 자리 숫자는 7-2=5입니다. ⇨ 2.☐5☐

㉢ 3으로 나누어떨어지는 한 자리 수는 3, 6, 9이고 가장 큰 수는 9이므로 소수 셋째 자리 숫자는 9입니다. ⇨ 2.☐59

㉣ 이 소수는 2.☐59이므로 100배 하면 2☐5.9이고 십의 자리 숫자는 4이므로 ☐=4입니다.

따라서 조건을 모두 만족하는 소수는 2.459입니다.

4 높은 자리에 작은 수를 놓을수록 작은 소수가 되므로 만들 수 있는 가장 작은 소수 세 자리 수는 0.279입니다.

0.279보다 작은 소수 두 자리 수는 0.01부터 0.27까지의 수 중에서 0.10과 0.20을 제외하면 됩니다.

⇨ 25개

5 ㉮+㉯=3.32, ㉯+㉰=4.22, ㉮+㉰=2.46에서 세 식을 모두 더합니다.

㉮+㉯+㉯+㉰+㉮+㉰

=3.32+4.22+2.46

=7.54+2.46=10

(㉮+㉯+㉰)+(㉮+㉯+㉰)=10,

㉮+㉯+㉰=5

⇨ ㉮=5-(㉯+㉰)=5-4.22=0.78,

㉯=5-(㉮+㉰)=5-2.46=2.54,

㉰=5-(㉮+㉯)=5-3.32=1.68

2.54>1.68>0.78이므로 가장 큰 수와 가장 작은 수의 차는 2.54-0.78=1.76입니다.

6 숫자 뒤에 쓰인 ⓪, ①, ②, ③은 각각 일의 자리, 소수 첫째 자리, 소수 둘째 자리, 소수 셋째 자리를 나타냅니다.

(1) 8⓪5①3② + 1⓪6①7②

$= \dfrac{853}{100} + \dfrac{167}{100}$

$= 8.53 + 1.67 = 10.2$

(2) 5⓪4①2② - 3⓪9②

$= \dfrac{542}{100} - \dfrac{309}{100}$

$= 5.42 - 3.09 = 2.33$

고수 단원평가문제

64~68쪽

1 4.67, 4.74　　　　**2** 두리, 사십사 점 일삼

3 ㉢

4 0.083의 100배인 수, 8300의 $\dfrac{1}{1000}$인 수에 ◯표

5 (위에서부터) 8.39, 5.45, 2.05, 0.89　　**6** >

7 3.112, 삼 점 일일이　**8** $\dfrac{1}{200}$　**9** 6.49

10 1.43 km　　　　　**11** 11.33 km

12 4.72 L　**13** 2.8 m　**14** 3개

15 0.015 km　　　　**16** 0.32 m

17 2.16　**18** 5.652

19 풀이 ❶ 작은 눈금 한 칸의 크기는 0.01 m입니다. 파란색 리본의 길이는 0.5 m보다 0.05 m 더 길므로 0.55 m이고 초록색 리본의 길이는 0.4 m보다 0.08 m 더 길므로 0.48 m입니다. ❷ 따라서 파란색 리본과 초록색 리본을 이은 전체 길이는 0.55+0.48=1.03 (m)입니다. 답 1.03 m

20 풀이 ❶ 높은 자리에 큰 수를 놓을수록 큰 수가 되므로 가장 큰 수는 8.42입니다. ❷ 높은 자리에 작은 수를 놓을수록 작은 수가 되므로 가장 작은 수는 2.48이고 두 번째로 작은 수는 2.84입니다.

❸ 따라서 가장 큰 수와 두 번째로 작은 수의 합은 8.42+2.84=11.26입니다. 답 11.26

21 풀이 ❶ 41.76의 $\frac{1}{10}$을 하면 각 자리의 값이 $\frac{1}{10}$ 씩 작아지므로 4.176이 됩니다.

❷ 4.14<□<4.176에서 □ 안에 알맞은 소수 두 자리 수는 4.15, 4.16, 4.17입니다.

답 4.15, 4.16, 4.17

22 풀이 ❶ 0.001이 204개이면 0.204이고 0.01이 62개이면 0.62이므로 0.824입니다. ❷ 이 수를 10 배 한 수는 8.24입니다. ❸ 따라서 8.24에서 소수 첫째 자리 숫자는 2입니다. 답 2

23 풀이 ❶ 마신 물의 무게는 병에 가득 담은 물의 반 만큼의 무게이므로 0.4−0.27=0.13 (kg)입니다.

❷ 빈 병의 무게는 물이 반만큼 담긴 병의 무게에서 물 반만큼의 무게를 뺀 무게이므로 0.27−0.13=0.14 (kg)입니다. 답 0.14 kg

---

1 큰 눈금 한 칸은 0.1을 나타냅니다.

0.1을 똑같이 10으로 나눈 것이므로 작은 눈금 한 칸은 0.01을 나타냅니다.

0.01이 7개이면 0.07이므로 4.6에서 7칸 더 간 곳의 수는 4.67입니다.

0.01이 4개이면 0.04이므로 4.7에서 4칸 더 간 곳의 수는 4.74입니다.

2 소수점 아래 부분만 자릿값을 읽지 않습니다.

따라서 두리는 자연수 부분을 사십사라고 읽어야 합니다.

3 ㉠ 2.037 ⇨ 0.03   ㉡ 14.73 ⇨ 0.03
㉢ 501.3 ⇨ 0.3   ㉣ 0.039 ⇨ 0.03

따라서 3이 나타내는 수가 다른 것은 ㉢입니다.

4

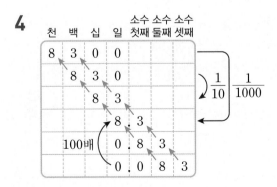

5 • 5.7+2.69=8.39
• 3.65+1.8=5.45

• 5.7−3.65=2.05
• 2.69−1.8=0.89

6 • 3.9+2.7=6.6
• 9.2−2.87=6.33
⇨ 6.6>6.33

7 0.1 이 27개 ⇨ 2.7
0.01 이 36개 ⇨ 0.36
0.001이 52개 ⇨ 0.052

+

3.112(삼 점 일일이)

8 ㉠은 소수 첫째 자리 숫자이므로 0.4를 나타내고, ㉡은 소수 셋째 자리 숫자이므로 0.002를 나타냅니다.

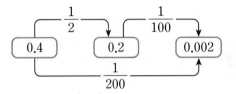

9

100배 $\begin{array}{|c|c|c|c|} \hline 5 & 9 & & \\ \hline 0 & 5 & 9 & \\ \hline 0 & 0 & 5 & 9 \\ \hline \end{array}$ $\frac{1}{10}$

⇨ $\begin{array}{r} 1 \\ 5.9 \\ +\ 0.59 \\ \hline 6.49 \end{array}$

10 860 m=0.86 km

(학교~도서관~수영장)
=(학교~도서관)+(도서관~수영장)
=0.86+0.57=1.43 (km)

11 (전체 거리)=21+21=42 (km)
⇨ (더 걸어야 하는 거리)
=(전체 거리)−(걸은 거리)
=42−30.67=11.33 (km)

12 (남은 물의 양)=5.73−2.25=3.48 (L)
⇨ (더 부어야 하는 물의 양)
=(양동이의 들이)−(남은 물의 양)
=8.2−3.48=4.72 (L)

13 ㉯ 기계에 넣기 전에는 0.28 m의 $\frac{1}{10}$이므로 0.028 m입니다.

㉮ 기계에 두 번째로 넣기 전에는 0.028 m의 10배 이므로 0.28 m이고, 첫 번째로 넣기 전에는 0.28 m

의 10배이므로 2.8 m입니다.
따라서 처음 철근의 길이는 2.8 m입니다.

14 일의 자리 수는 3, 소수 첫째 자리 수는 8로 같고, 소수 셋째 자리 수를 비교하면 2<4입니다.
3.872<3.8□4가 되려면 소수 둘째 자리 수의 크기는 □=7이거나 7<□이어야 합니다.
따라서 □ 안에 들어갈 수 있는 수는 7, 8, 9로 모두 3개입니다.

15 (나무 사이의 간격 수)=(나무 수)−1
　　　　　　　　　　　=25−1=24(군데)
(나무와 나무 사이의 간격)=360÷24=15 (m)
⇨ 15 m=0.015 km

16 이등변삼각형은 두 변의 길이가 같은 삼각형이므로 나머지 한 변의 길이는 0.25 m입니다.
(이등변삼각형의 세 변의 길이의 합)
=0.25+0.18+0.25
=0.43+0.25=0.68 (m)
⇨ (남은 철사의 길이)
　=1−(이등변삼각형의 세 변의 길이의 합)
　=1−0.68=0.32 (m)

17 어떤 수를 □라 하면 잘못 계산한 식은
□−0.76=0.64입니다.
⇨ □=0.64+0.76=1.4
따라서 바르게 계산하면 1.4+0.76=2.16입니다.

18 ㉠ 5.6보다 크고 5.7보다 작은 소수 세 자리 수
　　⇨ 5.6□□
㉡ (소수 둘째 자리 숫자)=(일의 자리 숫자)=5
　　⇨ 5.65□
㉢ (소수 셋째 자리 숫자)
　　=(소수 첫째 자리 숫자)÷3
　　=6÷3=2
　　⇨ 5.652

따라서 조건을 모두 만족하는 소수 세 자리 수는 5.652입니다.

19 **평가상의 유의점** 수직선의 작은 눈금 한 칸의 크기를 구하여 파란색과 초록색 리본의 길이를 구한 다음 두 리본의 길이의 합을 구했는지 확인합니다.

단계	채점 기준	점수
❶	리본의 길이를 각각 구하기	3점
❷	리본의 길이의 합 구하기	2점

20 **평가상의 유의점** 가장 큰 수와 두 번째로 작은 수를 구한 다음 두 수의 합을 구했는지 확인합니다.

단계	채점 기준	점수
❶	가장 큰 소수 두 자리 수 구하기	1점
❷	두 번째로 작은 소수 두 자리 수 구하기	2점
❸	가장 큰 수와 두 번째로 작은 수의 합 구하기	2점

21 **평가상의 유의점** 조건에 맞는 소수를 구한 다음 조건에 맞는 수를 찾았는지 확인합니다.

단계	채점 기준	점수
❶	41.76의 $\frac{1}{10}$인 수 구하기	2점
❷	조건에 맞는 소수 두 자리 수 구하기	3점

22 **평가상의 유의점** 설명하는 수를 구한 다음 10배 한 수의 소수 첫째 자리 숫자를 구했는지 확인합니다.

단계	채점 기준	점수
❶	설명하는 수 구하기	2점
❷	설명하는 수를 10배 한 수 구하기	2점
❸	소수 첫째 자리 숫자 구하기	1점

23 **평가상의 유의점** 마신 물의 무게를 구한 다음 빈 병의 무게를 구했는지 확인합니다.

단계	채점 기준	점수
❶	마신 물의 무게 구하기	3점
❷	빈 병의 무게 구하기	2점

4 사각형

고수 확인문제

1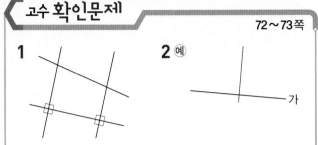

2 예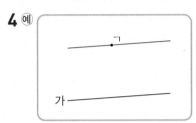

3 ㄱㄴ 또는 ㄴㄱ, ㄹㄷ 또는 ㄷㄹ
/ ㄱㄹ 또는 ㄹㄱ, ㄴㄷ 또는 ㄷㄴ

4 예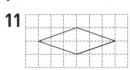

5 ㄹ

6 6 cm

7 변 ㄱㄴ 또는 변 ㄴㄱ, 변 ㄹㄷ 또는 변 ㄷㄹ

8 (위에서부터) 5, 115, 8

9 ④

10 (위에서부터) 9, 90

11

12 가, 나, 다, 마 / 가, 다, 마 / 가 / 가, 마 / 가

1 삼각자 또는 각도기를 사용하여 두 직선이 만나서 이루는 각이 90°인 곳을 찾습니다.

2 각도기의 밑금을 직선 가에 맞추고 각도기의 눈금에서 90°인 곳을 찾아 수직인 직선을 긋습니다.

3 직사각형은 마주 보는 변끼리 서로 평행합니다.

4 삼각자에서 직각을 낀 변 중 한 변을 직선 가에 맞추고 다른 한 변이 점 ㄱ을 지나도록 놓은 후 다른 삼각자를 사용하여 점 ㄱ을 지나고 직선 가와 평행한 직선을 긋습니다.

5 평행선 사이의 거리는 평행선 사이의 수선의 길이입니다.

6 변 ㄱㄹ과 변 ㄴㄷ이 평행하므로 평행선 사이의 거리는 변 ㄹㄷ의 길이와 같습니다. ⇨ 6 cm

7 변 ㄱㄴ(또는 변 ㄴㄱ)과 마주 보는 변인 변 ㄹㄷ(또는 변 ㄷㄹ)이 평행합니다.

8 평행사변형은 마주 보는 두 변의 길이가 같고 마주 보는 두 각의 크기가 같습니다.

9 마주 보는 두 쌍의 변이 서로 평행하도록 옮깁니다.

10 마름모는 네 변의 길이가 모두 같습니다.
마름모는 마주 보는 두 꼭짓점끼리 이은 선분이 서로 수직으로 만납니다.

11 네 변의 길이가 모두 같은 사각형이 되도록 완성해 봅니다.

12 직사각형 모양의 종이띠는 마주 보는 두 변이 평행하므로 잘린 도형 중 사각형은 모두 사다리꼴입니다.

STEP 1 고수 대표유형문제

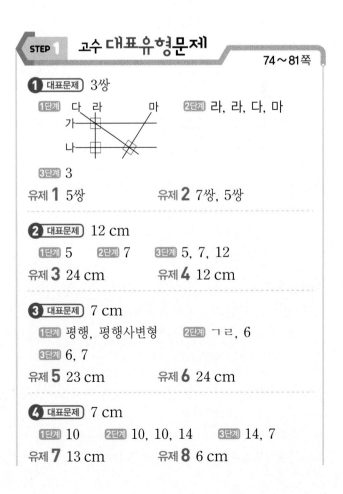

1 대표문제 3쌍
1단계
2단계 라, 라, 다, 마
3단계 3

유제 **1** 5쌍   유제 **2** 7쌍, 5쌍

2 대표문제 12 cm
1단계 5   2단계 7   3단계 5, 7, 12

유제 **3** 24 cm   유제 **4** 12 cm

3 대표문제 7 cm
1단계 평행, 평행사변형   2단계 ㄱㄹ, 6
3단계 6, 7

유제 **5** 23 cm   유제 **6** 24 cm

4 대표문제 7 cm
1단계 10   2단계 10, 10, 14   3단계 14, 7

유제 **7** 13 cm   유제 **8** 6 cm

5 대표문제 135°
1단계 180, 180   2단계 180, 180, 135
유제 **9** 70°   유제 **10** 120°

6 대표문제 35°
1단계 직각, 90   2단계 180
3단계 90, 180, 90, 35
유제 **11** 65°   유제 **12** 130°

7 대표문제 50°
1단계 130   2단계 130, 130, 50
유제 **13** 70°   유제 **14** 100°

8 대표문제 6개
1단계 2 / ⑤, 1 / ④, ⑤, ⑥, 2 / ④, ⑤, ⑥, 1
2단계 2, 1, 2, 1, 6
유제 **15** 11개   유제 **16** 11개

유제 **1** 아무리 길게 늘여도 서로 만나지 않는 두 직선을 모두 찾습니다.
⇨ 직선 가와 직선 나, 직선 다와 직선 마, 직선 라와 직선 바, 직선 라와 직선 사, 직선 바와 직선 사
따라서 평행선은 모두 5쌍입니다.

유제 **2** └ ┌ ┘
서로 수직으로 만나는 선분 ⇨ 7쌍
┌ ┌ ┘ ┘ ┘
서로 평행한 선분 ⇨ 5쌍

유제 **3** (직선 가와 직선 나 사이의 거리)=13 cm
(직선 나와 직선 다 사이의 거리)=11 cm
⇨ (직선 가와 직선 다 사이의 거리)
   =13+11=24 (cm)

유제 **4** (변 ㄱㅂ과 변 ㄷㄴ 사이의 거리)=4 cm
(변 ㄷㄴ과 변 ㄹㅁ 사이의 거리)=8 cm
⇨ (변 ㄱㅂ과 변 ㄹㅁ 사이의 거리)
   =4+8=12 (cm)

유제 **5** 사각형 ㄱㄴㄷㄹ이 사다리꼴이므로 선분 ㄱㅁ과 선분 ㄴㄷ이 평행하고, 선분 ㄱㄴ과 선분 ㅁㄷ이 평행하므로 사각형 ㄱㄴㄷㅁ은 평행사변형입니다.
평행사변형은 마주 보는 두 변의 길이가 같으므로

(선분 ㄱㅁ)=(선분 ㄴㄷ)=12 cm입니다.
⇨ (선분 ㄱㄹ)=(선분 ㄱㅁ)+(선분 ㅁㄹ)
          =12+11=23 (cm)

유제 **6** 사각형 ㄱㄴㄷㄹ이 사다리꼴이므로 선분 ㄱㄹ과 선분 ㅁㄷ이 평행하고, 선분 ㄱㅁ과 선분 ㄹㄷ이 평행하므로 사각형 ㄱㅁㄷㄹ은 평행사변형입니다.
평행사변형은 마주 보는 두 변의 길이가 같으므로
(선분 ㄱㅁ)=(선분 ㄹㄷ)=10 cm,
(선분 ㅁㄷ)=(선분 ㄱㄹ)=8 cm이고,
(선분 ㄴㅁ)=(선분 ㄴㄷ)-(선분 ㅁㄷ)
          =14-8=6 (cm)입니다.
따라서 삼각형 ㄱㄴㅁ의 세 변의 길이의 합은
8+6+10=24 (cm)입니다.

유제 **7** 마름모는 네 변의 길이가 모두 같으므로 한 변의 길이는 52÷4=13 (cm)입니다.

유제 **8** 평행사변형은 마주 보는 두 변의 길이가 같으므로
(변 ㄹㄷ)=(변 ㄱㄴ)=22 cm입니다.
(변 ㄱㄹ)+(변 ㄴㄷ)=76-22-22=32 (cm)
평행사변형은 마주 보는 두 변의 길이가 같으므로
(변 ㄱㄹ)=32÷2=16 (cm)입니다.
⇨ 긴 변과 짧은 변의 차는 22-16=6 (cm)입니다.

유제 **9** 평행사변형은 이웃하는 두 각의 크기의 합이 180°이므로 (각 ㄱㄴㄷ)+(각 ㄴㄷㄹ)=180°입니다.
(각 ㄱㄴㄷ)=110°이므로
110°+(각 ㄴㄷㄹ)=180°에서
(각 ㄴㄷㄹ)=180°-110°=70°입니다.

유제 **10** 평행사변형과 마름모는 이웃하는 두 각의 크기의 합이 180°입니다.
125°+(각 ㄱㄹㄷ)=180°에서
(각 ㄱㄹㄷ)=180°-125°=55°이고,
(각 ㄷㄹㅂ)=(각 ㄱㄹㅂ)-(각 ㄱㄹㄷ)
          =115°-55°=60°입니다.
마름모 ㄹㄷㅁㅂ에서
60°+(각 ㄹㅂㅁ)=180°이므로
(각 ㄹㅂㅁ)=180°-60°=120°입니다.

유제 **11** 직선 나와 직선 다가 수직이므로 이루는 각이 직각이고 각도는 90°입니다.
직선을 이루는 각도는 180°입니다.

⇨ ㉠+90°+25°=180°에서 ㉠=65°입니다.

유제 12 직선 ㄱㄴ과 직선 ㅁㅂ이 이루는 각이 직각이
므로 각 ㅂㅇㄴ의 크기는 90°입니다.
(각 ㄹㅇㄴ)=90°−40°=50°
직선을 이루는 각도는 180°이므로
(각 ㄷㅇㄴ)+(각 ㄹㅇㄴ)=180°에서
(각 ㄷㅇㄴ)=180°−50°=130°입니다.

유제 13 평행한 두 직선 사이에
오른쪽과 같이 수선을 그으면
사각형이 만들어집니다.
직선을 이루는 각도는 180°이
므로 ㉡=180°−70°=110°입니다.
사각형의 네 각의 크기의 합은 360°이므로
90°+90°+㉠+110°=360°입니다.
따라서 ㉠=360°−90°−90°−110°=70°입니다.

유제 14 평행한 두 직선 사이에
오른쪽과 같이 수선을 그으면
삼각형이 만들어집니다.
㉡=100°−90°=10°이고
삼각형의 세 각의 크기의 합은 180°이므로
10°+90°+㉢=180°,
㉢=180°−10°−90°=80°입니다.
따라서 ㉠=180°−㉢=180°−80°=100°입니다.

유제 15

• 도형 1개짜리: ①~⑧ ⇨ 8개
• 도형 4개짜리: ①+②+③+⑤, ②+④+⑤+
⑦, ③+⑤+⑥+⑧ ⇨ 3개
따라서 찾을 수 있는 크고 작은 마름모는 모두
8+3=11(개)입니다.

유제 16

• 도형 1개짜리: ③, ⑥ ⇨ 2개
• 도형 2개짜리: ①+②, ①+④, ③+⑥, ④+⑤
⇨ 4개

• 도형 3개짜리: ①+②+③, ④+⑤+⑥ ⇨ 2개
• 도형 4개짜리: ①+②+④+⑤, ②+③+⑤+
⑥ ⇨ 2개
• 도형 6개짜리: ①+②+③+④+⑤+⑥ ⇨ 1개
따라서 찾을 수 있는 크고 작은 사다리꼴은 모두
2+4+2+2+1=11(개)입니다.

STEP 2 고수 실전문제
82~85쪽

1 선분 ㅇㄹ 또는 선분 ㄹㅇ, 선분 ㅇㅁ 또는 선분 ㅁㅇ
2 3쌍 **3** ③ **4** 4번 **5** 4가지
6 9 cm **7** 26 cm **8** 8 cm **9** 32 cm
10 56 cm **11** 6 cm **12** 50 cm **13** 6장
14 21개 **15** 60° **16** 40° **17** 150°
18 70° **19** 13 cm **20** 30 cm **21** 55
22 60° **23** 140°

1 만나서 이루는 각이 직각인 선분을 찾아봅니다.

2 변 ㄱㄴ과 변 ㅂㅁ, 변 ㄴㄷ과 변 ㅁㄹ, 변 ㄱㅂ과 변
ㄷㄹ이 서로 평행합니다.

3 평행선은 서로 만나지 않습니다.
③의 무늬에서는 서로 만나지 않는 직선을 찾을 수 없
습니다.

4 긴바늘과 짧은바늘이 수직을
이루는 때는 오전 3시와 9시,
오후 3시와 9시이므로 하루에
모두 4번 있습니다.

3시   9시

5 각 변에 평행한 선분을 그으면 사다리꼴이 됩니다.
⇨ 4가지

6 (직선 나와 직선 다 사이의 거리)
=(직선 가와 직선 다 사이의 거리)
−(직선 가와 직선 나 사이의 거리)
=20−11=9 (cm)

7 변 ㄱㄴ과 변 ㅂㅁ이 가장 먼 평행선입니다.

(변 ㄱㄴ과 변 ㅂㅁ 사이의 거리)

= (변 ㄱㄴ과 변 ㄷㄹ 사이의 거리)

　+ (변 ㄷㄹ과 변 ㅂㅁ 사이의 거리)

= 6 + 20 = 26 (cm)

8 (선분 ㅁㄹ) = (선분 ㄱㄹ) − (선분 ㄱㅁ)

　　　　　　= 20 − 12 = 8 (cm)

따라서 사각형 ㅁㄴㄷㄹ이 마름모이므로

(선분 ㄷㄹ) = (선분 ㅁㄹ) = 8 cm입니다.

9 마름모를 만들기 위해서는 길이가 다른 변 ㄴㄷ이 맞닿게 붙여야 합니다.

이때 만들어지는 마름모의 한 변의 길이는 8 cm이므로 네 변의 길이의 합은 8 × 4 = 32 (cm)입니다.

10 정사각형과 마름모는 모든 변의 길이가 같으므로 여덟 변의 길이는 모두 7 cm입니다.

⇨ (초록색 선의 길이) = 7 × 8 = 56 (cm)

11 평행사변형은 마주 보는 변끼리 길이가 같으므로 네 변의 길이의 합은 7 + 5 + 7 + 5 = 24 (cm)입니다.

마름모의 네 변의 길이의 합도 24 cm이고, 마름모는 네 변의 길이가 모두 같으므로 한 변의 길이는 24 ÷ 4 = 6 (cm)입니다.

12 작은 정사각형 2개는 크기가 같은 정사각형이므로

(선분 ㄱㅂ) = (선분 ㅂㄴ) = 5 cm입니다.

큰 정사각형에서

(선분 ㄹㄷ) = (선분 ㄱㄴ) = (선분 ㄱㅂ) + (선분 ㅂㄴ)

　　　　　　= 5 + 5 = 10 (cm)입니다.

⇨ (선분 ㄱㄹ) = (선분 ㄱㅁ) + (선분 ㅁㄹ)

　　　　　　= 5 + 10 = 15 (cm)

따라서 직사각형 ㄱㄴㄷㄹ의 네 변의 길이의 합은

15 + 10 + 15 + 10 = 50 (cm)입니다.

13 사다리꼴의 두 각이 직각이므로 사다리꼴 2개를 돌려서 이어 붙이면 직사각형 모양이 됩니다.

그림과 같이 사다리꼴로 덮을 수 있으므로 모두 6장 필요합니다.

14 삼각형 2개로 이루어진 마름모는 18개, 삼각형 8개

로 이루어진 마름모는 3개입니다. 따라서 찾을 수 있는 크고 작은 마름모는 모두 18 + 3 = 21(개)입니다.

15 겹쳐진 부분은 마주 보는 두 쌍의 변이 서로 평행하므로 평행사변형입니다.

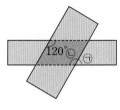

평행사변형은 마주 보는 각의 크기가 같으므로 ㉡ = 120°입니다.

따라서 ㉠ = 180° − ㉡ = 180° − 120° = 60°입니다.

16 평행사변형에서 마주 보는 각의 크기가 같으므로

(각 ㄹㄷㄴ) = (각 ㄴㄱㄹ) = 130°,

130° + (각 ㄹㄷㄴ) = 180°, (각 ㄹㄷㄴ) = 50°입니다.

삼각형 ㄹㄷㅁ에서

(각 ㄷㄹㅁ) = 180° − 50° = 40°입니다.

17 평행사변형 ㄱㄴㄷㄹ에서 마주 보는 각의 크기가 같으므로 (각 ㄱㄴㄷ) = (각 ㄱㄹㄷ) = 60°이고

(각 ㄱㄴㅁ) = (각 ㄷㄹㅁ) = 60° ÷ 2 = 30°입니다.

평행사변형 ㄱㄴㄷㄹ에서 이웃하는 각의 크기의 합은 180°이므로 (각 ㄴㄷㄹ) = 180° − 60° = 120°입니다.

사각형 ㅁㄴㄷㄹ에서 네 각의 크기의 합은 360°이므로 (각 ㄴㅁㄹ) = 360° − 60° − 120° − 30° = 150°입니다.

18 마름모는 마주 보는 각의 크기가 같으므로

(각 ㄱㄹㄷ) = (각 ㄱㄴㄷ) = 40°입니다.

삼각형 ㄱㄷㄹ은 이등변삼각형이므로

(각 ㄷㄱㄹ) + (각 ㄱㄷㄹ) = 180° − 40° = 140°입니다.

⇨ (각 ㄷㄱㄹ) = 140° ÷ 2 = 70°

19 평행사변형은 마주 보는 각의 크기가 같으므로

(각 ㄱㄴㅁ) = (각 ㄱㄹㄷ) = 65°입니다.

따라서 삼각형 ㄱㄴㅁ은 이등변삼각형이므로

(선분 ㄴㅁ) = (선분 ㄱㅁ) = 9 cm입니다.

⇨ (변 ㄱㄹ) = (선분 ㄴㅁ) + (선분 ㅁㄷ)

　　　　　　= 9 + 4 = 13 (cm)

20 (각 ㄱㅁㄷ) = (각 ㄱㄴㄷ) = 120°이므로

(각 ㄷㅁㄹ) = 180° − 120° = 60°입니다.

(변 ㄷㅁ) = (변 ㄷㄹ) = 6 cm이고

(각 ㄷㄹㅁ) = (각 ㄷㅁㄹ) = 60°,

(각 ㅁㄷㄹ)=180°−60°−60°=60°이므로
삼각형 ㅁㄷㄹ은 정삼각형입니다.
따라서 사다리꼴 ㄱㄴㄷㄹ의 네 변의 길이의 합은
6+6+6+6+6=30 (cm)입니다.

21 점 ㄴ에서 직선 가에 대한
수선 ㄱㄴ을 그으면
(각 ㄱㄴㄷ)
=90°−53°=37°입니다.
삼각형 ㄱㄴㄷ에서
(각 ㄱㄷㄴ)=180°−90°−37°=53°입니다.
직선을 이루는 각도는 180°이므로
53°+□+72°=180°,
□=180°−53°−72°=55°입니다.

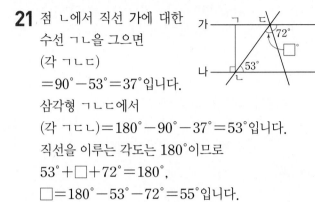

22 평행한 두 직선 사이에 오른
쪽과 같이 수선을 그으면 사
각형이 만들어집니다.
직선을 이루는 각도는 180°
이므로
(각 ㄴㄷㄹ)=180°−40°=140°,
(각 ㄴㄷㄹ)=180°−20°−90°=70°입니다.
사각형의 네 각의 크기의 합은 360°이므로
(각 ㄱㄴㄷ)=360°−70°−90°−140°=60°입니다.

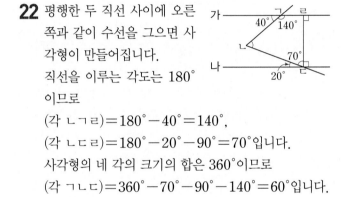

23 접은 각도와 접힌 각도는 같으므로
(각 ㅂㅁㄷ)=(각 ㄷㅁㄹ)=20°입니다.
삼각형 ㅁㄷㄹ에서
(각 ㅁㄷㄹ)=180°−20°−90°=70°이므로
(각 ㅂㄷㅁ)=90°−70°=20°입니다.
따라서 삼각형 ㅁㅂㄷ에서
(각 ㅁㅂㄷ)=180°−20°−20°=140°입니다.

STEP 3 **고수 최고문제**
86~87쪽

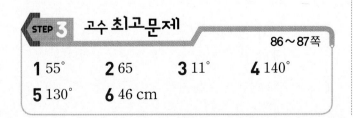

1 55° **2** 65 **3** 11° **4** 140°
5 130° **6** 46 cm

1 직선 가는 직선 다에 대한 수선
이므로 ㉡+40°=90°입니다.
⇨ ㉡=90°−40°=50°
직선 라에서
75°+㉠+㉡=180°이므로
75°+㉠+50°=180°,
㉠=180°−75°−50°=55°입니다.

2
평행한 두 직선 사이에 수선을 그으면 사각형 ㅂㄴ
ㄹㅁ이 만들어집니다. 사각형의 네 각의 크기의 합은
360°이므로
(각 ㄴㅂㅁ)+40°+90°+90°=360°,
(각 ㄴㅂㅁ)=360°−90°−90°−40°=140°이고,
(각 ㄱㅂㄴ)=180°−140°=40°입니다.
직선을 이루는 각도는 180°이므로
(각 ㄱㅅㅂ)=180°−105°=75°이고
삼각형 ㄱㅅㅂ의 세 각의 크기의 합은 180°이므로
□+75°+40°=180°,
□=180°−75°−40°=65°입니다.

3 마름모 ㄹㄷㅁㅂ에서
(각 ㄷㄹㅂ)=180°−112°=68°입니다.
정사각형 ㄱㄴㄷㄹ에서 (각 ㄱㄹㄷ)=90°입니다.
⇨ (각 ㄱㄹㅂ)=(각 ㄱㄹㄷ)+(각 ㄷㄹㅂ)
         =90°+68°=158°
(선분 ㄱㄹ)=(선분 ㄹㄷ)=(선분 ㄹㅂ)이므로
삼각형 ㄱㅂㄹ은 이등변삼각형입니다.
⇨ (각 ㄹㄱㅂ)+(각 ㄹㅂㄱ)=180°−158°=22°이
   므로 (각 ㄱㅂㄹ)=22°÷2=11°입니다.

4 종이를 접었으므로 (각 ㅅㅈㅁ)=(각 ㄷㅈㅁ)=25°
입니다.
삼각형 ㅅㅈㅁ에서
(각 ㅈㅁㅅ)=180°−90°−25°=65°입니다.
사각형 ㄱㄴㅅㅈㅇ에서
(각 ㄱㅇㅈ)=360°−90°−90°−130°=50°이므로
(각 ㅂㅇㅈ)=180°−50°=130°입니다.

따라서 사각형 ㅇㅈㅁㅂ에서
(각 ㅇㅂㅁ)=360°−130°−25°−65°=140°입니다.

5 사각형 ㄱㄴㄷㄹ이 마름모이므로 네 변의 길이가 모두 같고, 사각형 ㄱㄷㅁㄹ이 평행사변형이므로 마주 보는 변의 길이가 같습니다.
⇨ (변 ㄱㄴ)=(변 ㄴㄷ)=(변 ㄷㄹ)
　＝(변 ㄱㄹ)=(변 ㄷㅁ)

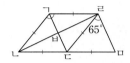

(변 ㄷㄹ)=(변 ㄷㅁ)에서 삼각형 ㄹㄷㅁ은 이등변삼각형이므로
(각 ㄹㅁㄷ)=(각 ㅁㄹㄷ)=65°입니다.
삼각형의 세 각의 크기의 합은 180°이므로
(각 ㄹㄷㅁ)=180°−65°−65°=50°입니다.
직선을 이루는 각도는 180°이므로
(각 ㄴㄷㄹ)=180°−50°=130°이고 마름모에서 마주 보는 두 각의 크기는 서로 같으므로 각 ㄴㄱㄹ의 크기는 130°입니다.

6 평행사변형 ㅁㄴㅂㄹ에서
(선분 ㄴㅂ)=(선분 ㅁㄹ)=5 cm이므로
(선분 ㅂㄷ)=14−5=9 (cm)입니다.
이등변삼각형 ㄹㅂㄷ에서
(선분 ㄹㄷ)=(선분 ㅂㄷ)=9 cm입니다.
따라서 사각형 ㄱㄴㄷㄹ의 네 변의 길이의 합은
14+9+14+9=46 (cm)입니다.

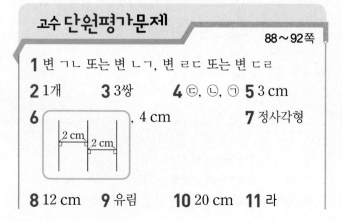
고수 단원평가문제
88～92쪽

1 변 ㄱㄴ 또는 변 ㄴㄱ, 변 ㄹㄷ 또는 변 ㄷㄹ
2 1개　　**3** 3쌍　　**4** ㄷ, ㄴ, ㄱ　**5** 3 cm
6 [도형] , 4 cm　　　**7** 정사각형
8 12 cm　**9** 유림　　**10** 20 cm　**11** 라

---

12 9 cm　**13** 55°　**14** 65°　**15** 64°
16 65°　　**17** 50°　**18** 30°

19 풀이 ❶ 평행사변형에서 마주 보는 변의 길이는 같으므로 (변 ㄹㄷ)=(변 ㄱㄴ)=9 cm입니다.
❷ (변 ㄱㄹ)+(변 ㄴㄷ)=30−9−9=12 (cm)이므로 (변 ㄱㄹ)=12÷2=6 (cm)입니다.
답 6 cm

20 풀이 ❶ 주어진 도형은 네 변의 길이가 모두 같은 사각형이므로 마름모입니다. ❷ 마름모는 이웃하는 두 각의 크기의 합이 180°이므로
㉠=180°−30°=150°입니다. 답 150°

21 풀이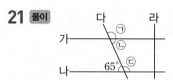
❶ 직선 나가 이루는 각도는 180°이므로
㉢=180°−65°=115°입니다. ❷ 직선 가와 직선 라, 직선 나와 직선 라가 만나서 이루는 각도가 각각 90°이고, 사각형의 네 각의 크기의 합은 360°이므로 ㉡=360°−115°−90°−90°=65°입니다.
❸ 직선 다가 이루는 각도는 180°이므로
㉠=180°−65°=115°입니다. 답 115°

22 풀이 ❶ 정사각형, 정삼각형, 마름모는 각각 변의 길이가 모두 같은 도형입니다. 정사각형, 정삼각형, 마름모의 한 변의 길이는 각각 18÷2=9 (cm)입니다. ❷ 빨간색 선의 길이는 9 cm가 7개이므로
9×7=63 (cm)입니다. 답 63 cm

23 풀이 ❶ 사각형 ㄱㄴㅁㄹ은 네 각이 모두 직각이므로 직사각형이고 (선분 ㄹㅁ)=(선분 ㄱㄴ)=9 cm입니다. ❷ 삼각형 ㄹㅁㄷ에서
(각 ㅁㄹㄷ)=180°−90°−45°=45°이고
(각 ㄹㅁㄷ)=(각 ㄷㄹㅁ)이므로 삼각형 ㄹㅁㄷ은 이등변삼각형입니다.
❸ 따라서 (선분 ㅁㄷ)=(선분 ㄹㅁ)=9 cm입니다.
답 9 cm

---

1 직선 가와 만나서 이루는 각이 직각인 변을 찾으면 변 ㄱㄴ 또는 변 ㄴㄱ, 변 ㄹㄷ 또는 변 ㄷㄹ입니다.

2 한 점을 지나는 직선 가에 대한 수선은 1개 그을 수 있습니다.

3 서로 만나지 않는 두 직선을 모두 찾으면 직선 **가**와 직선 **나**, 직선 **다**와 직선 **바**, 직선 **라**와 직선 **사**입니다. 따라서 평행한 직선은 모두 3쌍입니다.

4 ㉠ 0쌍 ㉡ 3쌍 ㉢ 4쌍

5 변 ㄱㄴ과 변 ㅁㄹ이 서로 평행하므로 두 변 사이에 수직인 선분을 긋고 그 선분의 길이를 재어 보면 3 cm입니다.

6 그은 두 직선은 서로 평행합니다.
⇨ (두 평행선 사이의 거리)=2+2=4 (cm)

7 평행사변형 중에서 네 변의 길이가 같고 네 각의 크기가 모두 같은 사각형은 정사각형입니다.

8 만든 마름모의 네 변의 길이의 합은 48 cm입니다. 마름모는 네 변의 길이가 모두 같으므로 한 변의 길이는 48÷4=12 (cm)입니다.

9 유림: 한 직선에 평행한 직선은 셀 수 없이 많이 그을 수 있습니다.

10 네 변의 길이의 합이 가장 큰 평행사변형을 만들려면 오른쪽과 같이 잘라야 합니다. 따라서 남은 삼각형의 세 변의 길이의 합은 6+6+8=20 (cm)입니다.

11 • 수직인 변이 있는 도형: 가, 다, **라**, 마, 바, 사
• 평행한 변이 있는 도형: 나, **라**
따라서 수직인 변과 평행한 변이 모두 있는 도형은 **라**입니다.

12 (직선 **나**와 직선 **다** 사이의 거리)
=(직선 **가**와 직선 **다** 사이의 거리)
　+(직선 **나**와 직선 **라** 사이의 거리)
　−(직선 **가**와 직선 **라** 사이의 거리)
=20+17−28=9 (cm)

13 마름모는 마주 보는 꼭짓점끼리 이은 선분이 수직이므로 (각 ㄷㅁㄹ)=90°입니다.
⇨ (각 ㄹㅁㅂ)=90°−35°=55°

14 사다리꼴이므로 변 ㄱㄹ과 변 ㄴㄷ은 평행하고 각 ㄴㄱㄹ은 직각입니다.
사각형 ㄱㄴㄷㄹ에서
(각 ㄱㄹㄷ)=360°−90°−90°−65°=115°입니다.
⇨ 직선을 이루는 각도는 180°이므로
(각 ㅁㄹㄷ)=180°−115°=65°입니다.

15 마름모는 마주 보는 각의 크기가 같으므로
(각 ㄴㄷㄹ)=(각 ㄴㄱㄹ)=52°입니다.
삼각형 ㄴㄷㄹ은 이등변삼각형이므로
(각 ㄷㄴㄹ)+(각 ㄷㄹㄴ)=180°−52°=128°입니다.
⇨ (각 ㄷㄴㄹ)=128°÷2=64°

16 평행한 두 직선 사이에 오른쪽과 같이 수선을 그으면 사각형이 만들어집니다. 직선을 이루는 각도는 180°이므로
(각 ㄹㄱㄴ)=180°−30°=150°,
(각 ㄴㄷㄹ)=180°−90°−35°=55°입니다.
사각형 ㄹㄷㄴㄱ에서 네 각의 크기의 합은 360°이므로
(각 ㄱㄴㄷ)=360°−90°−55°−150°=65°입니다.

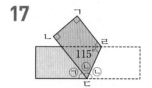

17
사각형 ㄱㄴㄷㄹ에서 네 각의 크기의 합은 360°이므로 ㉡=360°−90°−90°−115°=65°입니다.
접은 각도와 접힌 각도는 같고 직선을 이루는 각도는 180°이므로 ㉠=180°−65°−65°=50°입니다.

18 평행사변형은 마주 보는 변의 길이가 같으므로
(변 ㄴㄷ)=14 cm이고
(선분 ㄴㅁ)=(선분 ㄷㅁ)=14÷2=7 (cm)입니다.
평행사변형은 마주 보는 두 각의 크기가 같으므로
(각 ㄹㄷㅁ)=60°이고 삼각형 ㄹㄷㅁ은 두 변의 길이가 같고 한 각이 60°이므로 나머지 두 각의 크기의 합은 180°−60°=120°입니다. 이등변삼각형에서 두 각의 크기는 같으므로 두 각의 크기는 각각 60°가 되어 삼각형 ㄹㄷㅁ은 정삼각형이라고 할 수 있습니다.
⇨ (변 ㄹㅁ)=7 cm
직선을 이루는 각의 크기는 180°이므로

(각 ㄹㅁㄴ)=180°−60°=120°이고
삼각형 ㄹㅁㄴ은 이등변삼각형이므로
(각 ㄴㄹㅁ)+(각 ㄹㄴㅁ)=180°−120°=60°,
(각 ㄴㄹㅁ)=60°÷2=30°입니다.

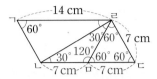

평행사변형에서 이웃하는 두 각의 크기의 합이 180°
이므로 (각 ㄱㄹㄷ)=180°−60°=120°이고
(각 ㄴㄹㅁ)=30°, (각 ㄷㄹㅁ)=60°이므로
(각 ㄱㄹㄴ)=120°−30°−60°=30°입니다.

19 평가상의 유의점 평행사변형의 성질을 이용하여 변 ㄱㄹ
의 길이를 구했는지 확인합니다.

단계	채점 기준	점수
❶	변 ㄹㄷ의 길이 구하기	2점
❷	변 ㄱㄹ의 길이 구하기	3점

20 평가상의 유의점 마름모의 성질을 이용하여 ㉠의 각도
를 구했는지 확인합니다.

단계	채점 기준	점수
❶	주어진 도형이 어떤 도형인지 알아보기	2점
❷	마름모의 성질을 이용하여 ㉠의 각도 구하기	3점

21 평가상의 유의점 평행, 수선, 사각형의 네 각의 크기의
합을 이용하여 ㉠의 각도를 구했는지 확인합니다.

단계	채점 기준	점수
❶	㉢의 각도 구하기	1점
❷	㉡의 각도 구하기	2점
❸	㉠의 각도 구하기	2점

22 평가상의 유의점 정사각형, 정삼각형, 마름모의 한 변
의 길이를 구하여 빨간색 선의 길이를 구했는지 확인
합니다.

단계	채점 기준	점수
❶	정사각형, 정삼각형, 마름모의 한 변의 길이 구하기	2점
❷	빨간색 선의 길이 구하기	3점

23 평가상의 유의점 이등변삼각형의 성질을 이용하여 선
분 ㅁㄷ의 길이를 구했는지 확인합니다.

단계	채점 기준	점수
❶	사각형 ㄱㄴㅁㄹ이 직사각형임을 알고 선분 ㄹㅁ의 길이 구하기	1점
❷	삼각형 ㄹㅁㄷ이 이등변삼각형임을 알기	2점
❸	선분 ㅁㄷ의 길이 구하기	2점

고수 확인문제

95쪽

1 2 mm **2** 15일과 22일 사이

3 ㉎ 26 mm **4** 35분 **5** ㉎ 30분

6 ㉎

운동한 시간

1 세로 눈금 5칸이 10 mm를 나타내므로 세로 눈금 한 칸은 10÷5＝2 (mm)를 나타냅니다.

2 선이 가장 많이 기울어진 때이므로 15일과 22일 사이입니다.

3 15일에는 22 mm, 22일에는 30 mm이므로 18일에는 22 mm와 30 mm의 중간인 26 mm입니다.

4 수요일에는 운동을 38분 했고, 목요일에는 운동을 38분보다 3분 적게 했으므로 목요일에 운동한 시간은 38－3＝35(분)입니다.

5 운동한 시간이 31분부터 있으므로 세로 눈금은 30분부터 시작하고 그 아래는 물결선으로 나타냅니다.

6 세로 눈금을 쓰고, 요일별 운동한 시간을 점으로 표시하고, 그 점들을 선분으로 이어 봅니다.

STEP 1 고수 대표유형문제

96~100쪽

1 대표문제 100개

1단계 50, 50, 10 2단계 11, 180, 14, 80

3단계 180, 80, 100

유제 **1** 0.5초

2 대표문제 700 kg 줄었습니다.

1단계 500, 500, 100 2단계 12, 13, 12, 13

3단계 7, 700

유제 **2** 4회 줄었습니다.

3 대표문제 ㉎ 18 kg

1단계 1, 16, 20 2단계 중간

3단계 16, 20, ㉎ 18

유제 **3** ㉎ 9 mm

4 대표문제 ㉎ 6시 11분, ㉎ 7시 1분

1단계 2 2단계 3, 2

3단계 1, ㉎ 6, 11, 1, ㉎ 7, 1

유제 **4** ㉎ 15 mm, ㉎ 30 mm

5 대표문제 5번

1단계 수 2단계 수, 16, 11 3단계 16, 11, 5

유제 **5** 4 ℃

유제 **1** 세로 눈금 5칸이 0.5초를 나타내므로 세로 눈금 한 칸은 0.1초를 나타냅니다.

기록이 가장 높은 때는 2일이고 기록은 18.6초입니다. 기록이 가장 낮은 때는 5일이고 기록은 18.1초입니다.

따라서 가장 높은 기록과 가장 낮은 기록의 차는 18.6－18.1＝0.5(초)입니다.

다른 풀이 세로 눈금 5칸이 0.5초를 나타내므로 세로 눈금 한 칸은 0.1초를 나타냅니다.

기록이 가장 높은 때는 2일이고, 가장 낮은 때는 5일입니다.

⇨ 2일과 5일의 세로 눈금의 차는 5칸이므로 기록의 차는 0.5초입니다.

유제 **2** 세로 눈금 5칸이 10회를 나타내므로 세로 눈금 한 칸은 10÷5＝2(회)를 나타냅니다.

선이 가장 적게 기울어진 때는 월요일과 화요일 사이이므로 변화가 가장 적은 때는 월요일과 화요일 사이입니다.

따라서 월요일과 화요일의 세로 눈금의 차는 2칸이므로 훌라후프 횟수는 2×2＝4(회) 줄었습니다.

유제 **3** 세로 눈금 한 칸은 1 mm를 나타내므로 10일의 양파 뿌리의 길이는 5 mm, 20일의 양파 뿌리의 길이는 13 mm입니다.

15일의 양파 뿌리의 길이는 10일과 20일의 양파 뿌리의 길이의 중간으로 어림할 수 있습니다.
따라서 15일의 양파 뿌리의 길이는 5 mm와 13 mm의 중간인 9 mm로 예상할 수 있습니다.

유제 **4** 추의 무게가 10 g씩 늘어날 때마다 가 용수철의 길이는 5 mm, 4 mm, 3 mm, 2 mm만큼 늘어났고, 나 용수철의 길이는 10 mm, 8 mm, 6 mm, 4 mm만큼 늘어났습니다.
따라서 10 g짜리 추 5개를 매달았을 때 가 용수철의 변화한 길이는 추 4개를 매달았을 때보다 1 mm 더 늘어난 15 mm이고, 나 용수철의 변화한 길이는 추 4개를 매달았을 때보다 2 mm 더 늘어난 30 mm라고 예상할 수 있습니다.

> 참고
>
> 가 용수철의 꺾은선그래프에서 세로 눈금 한 칸은 1 mm를 나타냅니다.
> 나 용수철의 꺾은선그래프에서 세로 눈금 5칸은 10 mm를 나타내므로 세로 눈금 한 칸은 10÷5=2 (mm)를 나타냅니다.

유제 **5** 세로 눈금 한 칸은 1 ℃를 나타냅니다.
운동장과 교실의 온도의 차가 가장 큰 때는 두 그래프 사이의 간격이 가장 넓은 때이므로 오후 2시입니다.
오후 2시에 운동장의 온도는 30 ℃이고, 교실의 온도는 26 ℃이므로 온도의 차가 가장 큰 때의 온도의 차는 30−26=4 (℃)입니다.

> 다른 풀이 세로 눈금 한 칸은 1 ℃를 나타냅니다.
> 운동장과 교실의 온도의 차가 가장 큰 때는 두 그래프 사이의 간격이 가장 넓은 때이므로 오후 2시입니다.
> 오후 2시에 두 그래프는 세로 눈금 4칸만큼 차이나므로 온도의 차는 4 ℃입니다.

STEP 2 고수 실전문제
101~103쪽

1

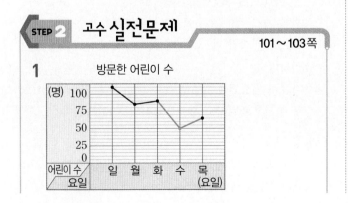

2 화요일, 목요일 **3** 1200개

4 14 ℃ **5** 예 오후 3시와 오후 5시 사이

6 예 오후 12시 30분 **7** 예 145.8 cm

8 40명

9 예 기온이 더 올라갈 것입니다.
/ 예 기온이 더 내려갈 것입니다.

10 예 23 ℃ **11** 예 11 ℃ **12** 예 10월 **13** 10칸

14 84점 **15** 21.2초

1 세로 눈금 5칸이 25명을 나타내므로 세로 눈금 한 칸은 25÷5=5(명)을 나타냅니다.
화요일에 방문한 어린이가 90명이므로 수요일에 방문한 어린이는 90−40=50(명)입니다.

2 꺾은선그래프의 선분이 오른쪽 위로 올라간 곳은 월요일과 화요일 사이, 수요일과 목요일 사이입니다.
따라서 전날에 비해 방문한 어린이 수가 늘어난 날은 화요일과 목요일입니다.

3 방문한 어린이 수는 일요일에 110명, 월요일에 85명, 화요일에 90명, 수요일에 50명, 목요일에 65명입니다.
⇨ (5일 동안 방문한 어린이 수)
 =110+85+90+50+65=400(명)
따라서 5일 동안 나누어 준 초콜릿은 모두
3×400=1200(개)입니다.

4 세로 눈금 한 칸은 1 ℃를 나타냅니다.
온도가 가장 높은 시각은 오후 3시로 최고 온도는 22 ℃이고, 온도가 가장 낮은 시각은 오전 9시로 최저 온도는 8 ℃입니다.
따라서 최고 온도와 최저 온도의 차는
22−8=14 (℃)입니다.

5 오전 11시의 온도는 15 ℃이고 15 ℃인 세로 눈금을 지나는 선분은 오후 3시와 오후 5시 사이입니다.

> 참고
>
> • 세로 눈금 15 ℃에서 가로로 선을 그어 만나는 부분의 시각을 살펴봅니다.
> • 오후 4시와 오후 5시 사이로 답해도 정답으로 합니다.

6 세로 눈금 한 칸은 1 ℃를 나타냅니다.

12 ℃는 낮 12시의 온도 11 ℃와 오후 1시의 온도 13 ℃의 중간으로 어림할 수 있습니다.

따라서 온도가 12 ℃인 시각은 오후 12시 30분이라고 할 수 있습니다.

> **참고**
>
> 세로 눈금 12 ℃에서 가로로 선을 그어 만나는 부분의 시각을 살펴봅니다.

7 세로 눈금 5칸이 1 cm를 나타내므로 세로 눈금 한 칸은 0.2 cm를 나타냅니다.

1월과 3월 사이에는 0.4 cm, 3월과 5월 사이에는 0.8 cm, 5월 이후에는 2개월마다 0.6 cm씩 크고 있으므로 호준이의 키는 점점 커지고 있습니다.

따라서 2개월 후인 11월에는 144.6 cm보다 0.6 cm 더 큰 145.2 cm, 11월에서 2개월 후인 다음 해 1월에는 145.2 cm보다 0.6 cm 더 큰 145.8 cm가 될 것이라고 예상할 수 있습니다.

다른 풀이 호준이의 키는 4개월 동안 1.2 cm만큼 자란다고 생각할 수 있습니다. 따라서 다음 해 1월에는 이번 해 9월의 키인 144.6 cm보다 1.2 cm 더 큰 145.8 cm가 될 것이라고 예상할 수 있습니다.

8 세로 눈금 5칸이 100명을 나타내므로 세로 눈금 한 칸은 $100 \div 5 = 20$(명)을 나타냅니다.

남학생 수가 전년도에 비해 가장 많이 줄어든 해는 남학생의 꺾은선이 오른쪽 아래로 가장 많이 기울어진 해인 2015년입니다.

2014년과 2015년 사이에 여학생 수는 세로 눈금 2칸만큼 줄었으므로 $20 \times 2 = 40$(명) 줄었습니다.

> **주의**
>
> 여학생 수가 가장 많이 줄었을 때인 2015년과 2016년 사이를 알아보고 100명이라 답하지 않도록 주의합니다.

9 • 5월: 최고 기온이 점점 올라가고 있으므로 10일 이후에는 더 올라갈 것입니다.

　• 9월: 최고 기온이 점점 내려가고 있으므로 10일 이후에는 더 내려갈 것입니다.

10 5월 5일과 10일의 기온의 차는 6 ℃이므로 5월 10일과 15일의 기온의 차는 $6 \div 2 = 3$ (℃)입니다.

⇨ 5월에는 온도가 점점 올라가고 있으므로 5월 15일의 최고 기온은 20 ℃보다 3 ℃ 높은 23 ℃로 예상할 수 있습니다.

11 5월 10일과 15일의 기온의 차가 3 ℃이므로 9월 10일과 15일의 기온의 차는 3 ℃입니다.

⇨ 9월에는 온도가 점점 내려가고 있으므로 9월 15일의 최고 기온은 14 ℃보다 3 ℃ 낮은 11 ℃로 예상할 수 있습니다.

12 가 식물이 매월 자란 키를 알아보면 1 cm, 3 cm, 2 cm, 2 cm로 7월부터 매달 2 cm씩 자랄 것이라고 예상할 수 있습니다.

나 식물이 매월 자란 키를 알아보면 4 cm, 3 cm, 4 cm, 4 cm로 7월부터 매달 4 cm씩 자랄 것이라고 예상할 수 있습니다.

가 식물의 키는 8월에 24 cm, 9월에 26 cm, 10월에 28 cm라고 예상할 수 있고, 나 식물의 키는 8월에 20 cm, 9월에 24 cm, 10월에 28 cm라고 예상할 수 있습니다.

따라서 두 식물의 키는 10월에 같아지게 될 것이라고 예상할 수 있습니다.

13 세로 눈금 5칸이 50잔을 나타내므로 세로 눈금 한 칸은 $50 \div 5 = 10$(잔)을 나타냅니다.

커피 판매량은 4월에 1080잔이고, 5월에 1020잔입니다. 4월과 5월의 커피 판매량의 차는 $1080 - 1020 = 60$(잔)입니다.

따라서 세로 눈금 한 칸이 6잔인 꺾은선그래프로 다시 그리면 4월과 5월의 세로 눈금의 차는 $60 \div 6 = 10$(칸)이 됩니다.

14 세로 눈금 5칸이 20점을 나타내므로 세로 눈금 한 칸은 $20 \div 5 = 4$(점)을 나타냅니다.

10월의 수학 점수를 □점이라 하면 11월의 수학 점수는 (□+8)점입니다.

$68 + 72 + □ + (□ + 8) + 88 = 404$,

□+□+236=404, □+□=168, □=84

10월의 수학 점수는 84점이고, 11월의 수학 점수는 $84 + 8 = 92$(점)입니다.

따라서 높은 점수부터 차례로 쓰면 92점, 88점, 84점, 72점, 68점이므로 세 번째로 높은 점수는 84점입니다.

15 세로 눈금 5칸이 0.5초를 나타내므로 세로 눈금 한 칸은 0.1초를 나타냅니다.
2월의 기록은 21.4초, 4월의 기록은 20.6초이므로 2월과 4월의 기록의 차는 21.4−20.6=0.8(초)입니다.
3월에는 2월보다 □초만큼 좋아졌다면 4월에는 3월보다 (□×3)초만큼 좋아졌습니다.
□+□×3=0.8 ⇨ □+□+□+□=0.8
0.2+0.2+0.2+0.2=0.8이므로 □=0.2입니다.
따라서 3월의 기록은 21.4초보다 0.2초 더 좋아졌으므로 21.4−0.2=21.2(초)입니다.

STEP 3 고수 최고문제

104~105쪽

1 6℃, 8℃ **2** 예 18℃

3 줄넘기를 넘은 시간

(분) 45 30 15 0
시간 20 21 22 23 24 날짜 (일)

4 15000000원

5 201 kWh, 1600원

1 3일의 최저 기온은 4℃, 9일의 최저 기온은 10℃로 기온의 차는 10−4=6(℃)입니다.
최저 기온이 일정하게 변화했으므로 2일마다 6÷3=2(℃)씩 올라간 것입니다.
따라서 5일의 최저 기온은 6℃, 7일의 최저 기온은 8℃입니다.

2 9일의 최저 기온이 10℃, 11일의 최저 기온이 14℃이므로 10일의 최저 기온은 10℃와 14℃의 중간인 12℃라고 할 수 있습니다.
10일의 일교차가 6℃이므로 최고 기온은 12℃보다 6℃ 높은 18℃라고 할 수 있습니다.

3 세로 눈금 5칸이 15분을 나타내므로 세로 눈금 한 칸은 15÷5=3(분)을 나타냅니다.
20일에 21분, 21일에 21+6=27(분), 22일에 27+6=33(분), 23일에 33+6=39(분), 24일에 39+6=45(분) 동안 줄넘기를 넘었으므로 점으로 표시하고, 그 점들을 선분으로 이어 봅니다.

4 세로 눈금 10칸이 1만 개를 나타내므로 세로 눈금 한 칸은 10000÷10=1000(개)를 나타냅니다.
전달에 비해 생산량은 늘었지만 판매량이 줄어든 달은 6월입니다.
5월의 모자 판매량은 75000개이고 6월의 모자 판매량은 72000개입니다.
따라서 줄어든 모자 판매량이 75000−72000=3000(개)이므로 줄어든 판매액은 5000×3000=15000000(원)입니다.

5 세로 눈금 5칸이 50 kWh를 나타내므로 세로 눈금 한 칸은 50÷5=10(kWh)를 나타냅니다.
5월의 전기 사용량은 180 kWh이고 6월의 전기 사용량을 □ kWh라 하면 7월의 전기 사용량은 (□+40) kWh입니다.
세 달 동안의 전기 사용량이 640 kWh이므로 180+□+(□+40)=640, □+□=420, □=210입니다.
따라서 6월의 전기 사용량은 210 kWh이고, 이달의 기본요금은 201 kWh~400 kWh 구간이므로 1600원입니다.

고수 단원평가문제

106~110쪽

1 꺾은선그래프 **2** 110 mm
3 7월과 8월 사이 **4** 0.5 kg **5** 1.3 kg
6 예 0.8 kg **7** 80 kg **8** 340 kg
9 680000원 **10** 45명 **11** 33명

12 방문한 학생 수

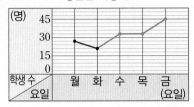

13 9월   **14** 180개   **15** 3320개

16 38.3 kg **17** 2번   **18** 14시간 40분

19 풀이 ❶ 세로 눈금 5칸이 0.5 cm를 나타내므로 세로 눈금 한 칸은 0.1 cm를 나타냅니다. 이 식물의 키는 1일에 20.1 cm였고 29일에 21.3 cm였습니다. ❷ 따라서 조사한 기간 동안 이 식물은 21.3−20.1=1.2 (cm) 자랐습니다. 답 1.2 cm

20 풀이 ❶ 판매량의 변화가 가장 큰 때는 선이 가장 많이 기울어진 때이므로 2015년과 2016년 사이입니다. ❷ 세로 눈금 5칸이 50만 권을 나타내므로 세로 눈금 한 칸은 50÷5=10(만 권)을 나타냅니다. 2015년의 판매량은 130만 권이고 2016년의 판매량은 70만 권이므로 2016년의 판매량은 2015년보다 130−70=60(만 권) 줄어들었습니다.
답 예 판매량이 60만 권 줄어들었습니다.

21 풀이 ❶ 체온의 변화가 없다가 시각이 지나면서 빠르게 내려온 날은 7일입니다. ❷ 세로 눈금 한 칸이 0.1 ℃를 나타내므로 7일 오후 4시의 체온은 37.7 ℃, 오후 8시의 체온은 37.1 ℃입니다. 따라서 오후 6시에는 37.1 ℃와 37.7 ℃의 중간인 37.4 ℃였을 것입니다. 답 예 37.4 ℃

22 풀이 ❶ 기온과 수온의 차가 가장 큰 때는 두 그래프 사이의 간격이 가장 넓은 때인 7월입니다. ❷ 세로 눈금 한 칸이 10÷5=2 (℃)를 나타내므로 7월의 기온은 26 ℃이고 수온은 14 ℃입니다. 따라서 기온과 수온의 차가 가장 큰 때인 7월의 온도 차는 26−14=12 (℃)입니다. 답 12 ℃

1 꺾은선그래프는 시간에 따른 연속적인 변화를 파악하기 쉽습니다.

2 세로 눈금 한 칸은 10 mm를 나타냅니다.
강수량이 가장 많을 때는 7월로 180 mm이고, 가장 적을 때는 5월로 70 mm입니다.
⇨ 180−70=110 (mm)

다른풀이 그래프에서 강수량이 가장 많은 7월과 가장 적은 5월의 세로 눈금의 차는 11칸입니다.
세로 눈금 한 칸은 10 mm를 나타내므로 강수량의 차는 10×11=110 (mm)입니다.

3 꺾은선그래프에서 선이 오른쪽 아래로 내려온 모양일 때가 강수량이 줄어든 때입니다.
따라서 강수량이 줄어든 때는 7월과 8월 사이입니다.

4 세로 눈금 한 칸은 0.1 kg을 나타내고 변화량이 가장 큰 때는 6월과 7월 사이입니다.
따라서 이때의 변화량은 세로 눈금 5칸만큼이므로 0.5 kg입니다.

5 고양이의 무게는 0.4 kg에서 1.7 kg까지 늘었습니다.
⇨ (늘어난 고양이의 무게)=1.7−0.4=1.3 (kg)
다른풀이 7월의 세로 눈금은 3월의 세로 눈금보다 13칸 위에 있습니다.
따라서 고양이의 무게는 1.3 kg 늘었습니다.

6 4월 1일에는 0.6 kg, 5월 1일에는 1.0 kg이고 5월 1일에는 4월 1일보다 0.4 kg 늘어났으므로 그 기간의 중간인 4월 15일에는 0.2 kg 늘어난 0.8 kg으로 예상할 수 있습니다.

7 세로 눈금 5칸이 100 kg을 나타내므로 세로 눈금 한 칸은 100÷5=20 (kg)을 나타냅니다.
2015년과 2016년 사이는 세로 눈금 4칸만큼 차이나므로 20×4=80 (kg) 더 늘어 났습니다.

8 생산량의 변화가 가장 큰 때는 2014년과 2015년 사이로 320−220=100 (kg) 줄었습니다.
2018년의 감 생산량은 240 kg보다 100 kg 늘어났으므로 240+100=340 (kg)입니다.

주의

감 생산량이 늘어난 때만 생각하여 생산량의 변화가 가장 큰 때를 2015년과 2016년 사이라고 생각하지 않도록 주의합니다.

9 2018년의 감 생산량은 340 kg이므로 감을 한 상자에 10 kg씩 담으면 340÷10=34(상자)입니다.
따라서 감을 한 상자에 20000원씩 팔았으므로 감 340 kg을 판 돈은 모두 20000×34=680000(원)입니다.

감을 모두 판 돈을 $20000 \times 340 = 6800000$(원)이라고 하지 않도록 주의합니다.

10 세로 눈금 5칸이 15명을 나타내므로 세로 눈금 한 칸은 $15 \div 5 = 3$(명)을 나타냅니다.
월요일에 방문한 학생은 27명이므로 금요일에 방문한 학생은 $27 + 18 = 45$(명)입니다.

11 방문한 학생 수는 월요일에 27명, 화요일에 21명, 금요일에 45명입니다.
따라서 수요일과 목요일에 방문한 학생 수는
$159 - 27 - 21 - 45 = 66$(명)이고 $66 = 33 + 33$이므로 수요일에 방문한 학생은 33명입니다.

12 방문한 학생 수는 수요일에 33명, 목요일에 33명, 금요일에 45명이므로 점으로 표시하고, 그 점들을 선분으로 이어 꺾은선그래프를 완성합니다.

13 전달에 비해 생산량이 줄어든 달은 9월과 11월입니다.
9월과 11월 중에서 전달에 비해 판매량이 늘어난 달은 9월입니다.

14 세로 눈금 5칸이 100개를 나타내므로 세로 눈금 한 칸은 $100 \div 5 = 20$(개)를 나타냅니다.
(네 달 동안의 장난감 생산량)
$= 1100 + 1040 + 1180 + 1140 = 4460$(개)
(네 달 동안의 장난감 판매량)
$= 1000 + 1020 + 1140 + 1120 = 4280$(개)
⇨ (팔리지 않고 남아 있는 장난감 수)
$= 4460 - 4280 = 180$(개)

다른 풀이 각 달의 팔리지 않고 남아 있는 장난감 수를 더합니다.
8월: $1100 - 1000 = 100$(개)
9월: $1040 - 1020 = 20$(개)
10월: $1180 - 1140 = 40$(개)
11월: $1140 - 1120 = 20$(개)
⇨ (팔리지 않고 남아 있는 장난감 수)
$= 100 + 20 + 40 + 20 = 180$(개)

15 12월의 생산량은 $1140 + 2000 = 3140$(개)이고 남은 장난감은 180개이므로 12월의 판매량은 모두 $3140 + 180 = 3320$(개)입니다.

16 세로 눈금 5칸이 0.5 kg을 나타내므로 세로 눈금 한 칸은 0.1 kg을 나타냅니다.

다영이의 몸무게가 가장 무거울 때는 7월이고, 7월의 가민이의 몸무게는 38.3 kg입니다.

17 꺾은선그래프에서 두 사람의 선이 만나는 곳은 6월과 7월 사이, 7월과 8월 사이입니다.
따라서 두 사람의 몸무게는 2번 같아졌습니다.

18 1시간=60분이고, 세로 눈금 5칸이 25분을 나타내므로 세로 눈금 한 칸은 $25 \div 5 = 5$(분)을 나타냅니다.
낮의 길이가 가장 짧은 날은 22일로 동지는 12월 22일이고 낮의 길이는 560분=540분+20분=9시간 20분입니다.
따라서 하루는 24시간이므로 동지의 밤의 길이는
24시간−9시간 20분=14시간 40분입니다.

하루는 24시간으로 정해져 있으므로 낮의 길이가 짧을수록 밤의 길이는 길어집니다.
따라서 낮의 길이가 가장 긴 날을 찾지 않도록 주의합니다.

19 평가상의 유의점 1일과 29일의 식물의 키를 구한 다음 조사한 기간 동안 자란 식물의 키를 구했는지 확인합니다.

단계	채점 기준	점수
①	1일과 29일의 식물의 키 구하기	3점
②	식물의 키가 몇 cm 자랐는지 구하기	2점

20 평가상의 유의점 선의 기울어진 정도를 비교하여 판매량이 가장 크게 변화한 때를 구했는지 확인합니다.

단계	채점 기준	점수
①	판매량의 변화량이 가장 큰 때 구하기	2점
②	어떻게 변화했는지 쓰기	3점

21 평가상의 유의점 조건이 맞는 그래프를 먼저 찾고 오후 6시의 체온을 구했는지 확인합니다.

단계	채점 기준	점수
①	조건에 맞는 꺾은선그래프 찾기	2점
②	오후 6시의 체온 구하기	3점

22 평가상의 유의점 그래프에서 온도 차가 가장 큰 때를 찾고 그 때의 온도 차를 구했는지 확인합니다.

단계	채점 기준	점수
①	기온과 수온의 차가 가장 큰 때 구하기	2점
②	기온과 수온의 차가 가장 큰 때의 온도 차 구하기	3점

6 다각형

1 가, 다, 라, 바   **2** 라, 정팔각형

3 예

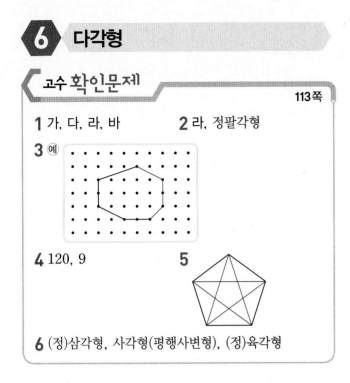

4 120, 9   **5**

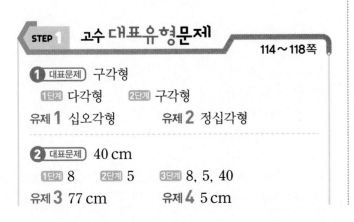

6 (정)삼각형, 사각형(평행사변형), (정)육각형

1 선분으로만 둘러싸인 도형을 모두 찾으면 가, 다, 라, 바입니다.

2 다각형 중 변의 길이와 각의 크기가 모두 같은 도형은 라입니다. 라는 변이 8개이고 정다각형이므로 정팔각형입니다.

3 칠각형은 변이 7개이므로 변이 7개인 다각형을 그립니다.

4 정육각형은 변의 길이와 각의 크기가 모두 같습니다.

5 서로 이웃하지 않는 꼭짓점을 이어 대각선을 모두 긋습니다.

6 삼각형 2개, 사각형 1개, 육각형 1개로 만든 모양입니다.

1 대표문제 구각형
　1단계 다각형　2단계 구각형
유제 **1** 십오각형　　유제 **2** 정십각형

2 대표문제 40 cm
　1단계 8　2단계 5　3단계 8, 5, 40
유제 **3** 77 cm　　유제 **4** 5 cm

3 대표문제 9개
　1단계 3,　　2단계 3, 18,

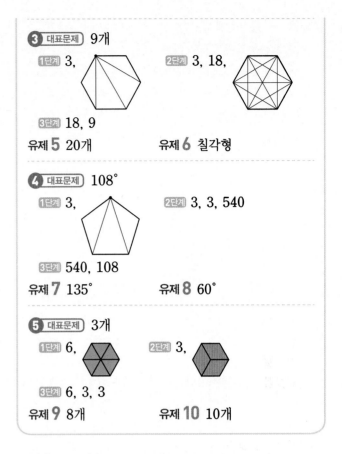

　3단계 18, 9
유제 **5** 20개　　유제 **6** 칠각형

4 대표문제 108°
　1단계 3,　　　2단계 3, 3, 540
　3단계 540, 108
유제 **7** 135°　　유제 **8** 60°

5 대표문제 3개
　1단계 6,　　2단계 3,
　3단계 6, 3, 3
유제 **9** 8개　　유제 **10** 10개

유제 **1** 선분으로만 둘러싸여 있는 도형은 다각형입니다.
꼭짓점이 15개인 다각형은 변도 15개입니다.
따라서 설명하는 도형은 십오각형입니다.

유제 **2** 선분으로만 둘러싸여 있는 도형은 다각형입니다.
변이 10개인 다각형은 십각형입니다.
변의 길이와 각의 크기가 모두 같은 십각형은 정십각형입니다.
따라서 설명하는 도형은 정십각형입니다.

유제 **3** 정오각형과 정사각형의 한 변의 길이가 같으므로 정오각형과 정사각형의 한 변의 길이는 각각 11 cm입니다.
보라색 선의 길이는 정오각형과 정사각형의 한 변의 길이의 7배와 같습니다.
따라서 보라색 선의 길이는 11×7=77 (cm)입니다.

유제 **4** 정삼각형, 정사각형, 정육각형의 한 변의 길이는 모두 같으므로 빨간색 선의 길이는 정삼각형, 정사각형, 정육각형의 한 변의 길이의 9배와 같습니다.
빨간색 선의 길이가 45 cm이므로 모양 조각의 한 변의 길이는 45÷9=5 (cm)입니다.

정답과 해설

유제 **5** 한 꼭짓점에서 그을 수 있는 대각선
은 오른쪽과 같이 5개입니다.
팔각형의 꼭짓점은 8개이므로 모든 꼭짓
점에서 그을 수 있는 대각선은 $5×8=40$(개)입니다.
8개의 꼭짓점에서 그은 대각선은 각각 두 번씩 센 것
이므로 팔각형에 그을 수 있는 대각선은 모두
$40÷2=20$(개)입니다.

유제 **6** 선우가 그린 다각형의 대각선이 모두 14개이므로
다각형의 모든 꼭짓점에서 그을 수 있는 대각선을 ●
개라고 하면 ●$÷2=14$, ●$=28$개입니다.
따라서 (한 꼭짓점에서 그을 수 있는 대각선의 수)
$×$(꼭짓점의 수)$=28$이고
(한 꼭짓점에서 그을 수 있는 대각선의 수)
$=$(꼭짓점의 수)-3입니다.
              ↳ (한 꼭짓점)+(이웃하는 2개의 꼭짓점)
{(꼭짓점의 수)-3}$×$(꼭짓점의 수)$=28$이므로
꼭짓점의 수를 □개라 하면 (□-3)$×$□$=28$이고
곱이 28인 두 수 (2, 14), (4, 7) 중 차가 3인 것은
(4, 7)이므로 □$=7$에서 꼭짓점의 수는 7입니다.
따라서 선우가 그린 다각형은 칠각형입니다.

유제 **7** 정팔각형은 한 점에서 대각선을 그
어 보면 삼각형 6개로 나눠지고 삼각
형의 세 각의 크기의 합은 $180°$이므로
삼각형 6개의 크기의 합은
$180°×6=1080°$입니다.
⇨ 정팔각형의 여덟 각의 크기의 합은 $1080°$입니다.
정팔각형은 여덟 각의 크기가 모두 같으므로 한 각의
크기는 $1080°÷8=135°$입니다.

유제 **8** 정육각형은 한 점에서 대각
선을 그어 보면 삼각형 4개로
나눠지고 삼각형의 세 각의 크
기의 합은 $180°$이므로 삼각형
4개의 세 각의 크기의 합은 $180°×4=720°$입니다.
⇨ 정육각형의 여섯 각의 크기의 합은 $720°$입니다.
정육각형은 여섯 각의 크기가 모두 같으므로 한 각의
크기는 $720°÷6=120°$입니다.
따라서 직선을 이루는 각도는 $180°$이므로
㉠$=180°-120°=60°$입니다.

유제 **9**

삼각형 모양 조각으로 채우면 필요한 모양 조각은 12
개입니다.
사다리꼴 모양 조각으로 채우면 필요한 모양 조각은
4개입니다.
따라서 필요한 모양 조각 수의 차는 $12-4=8$(개)입
니다.

유제 **10** 주어진 모양은 모양 조각 5개로 만들었습
니다. 모양 조각은 △ 모양 조각 2개로 채울
수 있습니다.
따라서 주어진 모양을 채우려면 △ 모양 조각은
$5×2=10$(개) 필요합니다.

STEP **2** 고수 실전문제

119~121쪽

1 ㉢   **2** 19개

3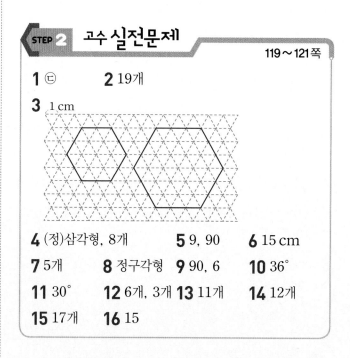

4 (정)삼각형, 8개   **5** 9, 90   **6** 15 cm
7 5개   **8** 정구각형   **9** 90, 6   **10** 36°
11 30°   **12** 6개, 3개   **13** 11개   **14** 12개
15 17개   **16** 15

1 그림에서 찾을 수 있는 다각형은 삼각형, 사각형, 오
각형, 팔각형입니다.

2 ㉠ 정칠각형의 각의 수: 7개
㉡ 정십이각형의 변의 수: 12개
⇨ $7+12=19$(개)

3 한 칸이 1 cm이므로 2칸, 3칸을 한 변으로 하는 정
육각형을 차례로 그립니다.

4 정삼각형 모양 조각 8개를 사용하여 만든 모양입니다.

5 정사각형은 두 대각선의 길이가 같으므로 나머지 한 대각선의 길이도 9 cm입니다.
정사각형의 두 대각선은 서로 수직으로 만나므로 두 대각선 사이의 각의 크기는 90°입니다.

6 정십각형이므로 변은 10개입니다.
변의 길이의 합이 150 cm이므로 한 변의 길이는 150÷10=15 (cm)입니다.

7 찾을 수 있는 정다각형은 정삼각형 2개, 정사각형 2개, 정육각형 1개입니다. ⇨ 2+2+1=5(개)

8 (한 변의 길이)×(변의 수)=126
⇨ 14×(변의 수)=126, (변의 수)=126÷14=9
따라서 변이 9개인 정다각형은 정구각형입니다.

9 마름모는 두 대각선이 수직으로 만나므로 ㉠=90입니다.
직사각형은 두 대각선의 길이가 같고, 한 대각선이 다른 대각선을 반으로 나누므로 ㉡=12÷2=6입니다.

10 정오각형은 다섯 각의 크기가 모두 같으므로
(각 ㄱㄴㄷ)=(각 ㄷㄹㅁ)=108°입니다.
삼각형 ㄱㄴㄷ에서
(각 ㄴㄱㄷ)+(각 ㄴㄷㄱ)=180°−108°=72°이고,
(변 ㄱㄴ)=(변 ㄴㄷ)이므로 삼각형 ㄱㄴㄷ은 이등변삼각형입니다.
⇨ (각 ㄴㄱㄷ)=(각 ㄴㄷㄱ)입니다.
따라서 (각 ㄴㄱㄷ)=72÷2=36°입니다.

11 (각 ㄱㅇㄹ)=(각 ㄴㅇㄷ)=120°
이고 직사각형은 두 대각선의 길이가 같고 한 대각선이 다른 대각선을 반으로 나누므로 삼각형 ㄱㅇㄹ은 이등변삼각형입니다. ⇨ ㉠=(180°−120°)÷2=30°

12 오른쪽 그림과 같이 한 꼭짓점에 6개의 정삼각형과 3개의 정육각형을 놓으면 360°가 되어 바닥을 빈틈없이 채울 수 있습니다.

13 •준영이가 가지고 있는 다각형은 팔각형입니다. 팔각형에는 꼭짓점이 8개 있고 한 꼭짓점에서 이웃하는 꼭짓점은 2개이므로 한 꼭짓점에서 그을 수 있는 대각선은 5개입니다.

따라서 팔각형의 각 꼭짓점에서 그을 수 있는 대각선의 수는 5×8=40(개)이고, 이것은 같은 대각선을 각각 두 번씩 센 것이므로 팔각형의 대각선의 수는 40÷2=20(개)입니다.
•유림이가 가지고 있는 다각형은 육각형입니다. 육각형에는 꼭짓점이 6개 있고 한 꼭짓점에서 이웃하는 꼭짓점은 2개이므로 한 꼭짓점에서 그을 수 있는 대각선은 3개입니다.

따라서 육각형의 각 꼭짓점에서 그을 수 있는 대각선의 수는 3×6=18(개)이고, 이것은 같은 대각선을 각각 두 번씩 센 것이므로 육각형의 대각선의 수는 18÷2=9(개)입니다.
따라서 도형에 그을 수 있는 대각선 수의 차는 20−9=11(개)입니다.

14 가 모양 조각을 사용할 때 18개로 가장 많이 필요합니다.

나 모양 조각을 사용할 때 6개로 가장 적게 필요합니다.
⇨ 18−6=12(개)

15 ㉡이 ㉠보다 꼭짓점이 3개 더 많으므로 변이 3개 더 많습니다.
이 3개의 변의 길이의 합이 40−28=12 (cm)이므로 두 다각형의 한 변의 길이는 12÷3=4 (cm)입니다.
따라서 정다각형 ㉠의 변의 수는 28÷4=7(개)이고 정다각형 ㉡의 변의 수는 40÷4=10(개)이므로 ㉠과 ㉡의 꼭짓점의 수의 합은 7+10=17(개)입니다.

16 모양을 나와 다로 모두 나누어 보면 오른쪽과 같습니다. 모양은 나가 9개, 다가 3개이고 2×3=6이므로 주어진 모양의 크기는 9+6=15입니다.

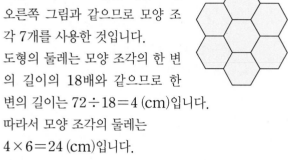

STEP 3 고수 최고문제

122～123쪽

1 7개, 24 cm **2** 120° **3** 180°
4 66 cm **5** 48 **6** 540 cm

1 모양 조각으로 도형을 채워 보면
오른쪽 그림과 같으므로 모양 조
각 7개를 사용한 것입니다.
도형의 둘레는 모양 조각의 한 변
의 길이의 18배와 같으므로 한
변의 길이는 $72 \div 18 = 4$ (cm)입니다.
따라서 모양 조각의 둘레는
$4 \times 6 = 24$ (cm)입니다.

2 • 삼각형 ㄱㄴㅂ에서 (각 ㄴㄱㅂ)=(각 ㄴㄷㄹ)=120°
이고 이등변삼각형이므로
    (각 ㄱㅂㄴ)=(각 ㄱㄴㅂ)
        $=(180° - 120°) \div 2 = 30°$입니다.
• 삼각형 ㄱㅁㅂ에서 (각 ㄱㅂㅁ)=(각 ㄴㄷㄹ)=120°
이고 이등변삼각형이므로
    (각 ㅂㄱㅁ)=(각 ㅂㅁㄱ)
        $=(180° - 120°) \div 2 = 30°$입니다.
따라서 삼각형 ㄱㅇㅂ에서
(각 ㄱㅇㅂ)=$180° - 30° - 30° = 120°$입니다.

3 정오각형의 한 각의 크기는 108°
이므로
①+⑧=②+⑤=③+⑩
=④+⑦=⑥+⑨
=$180° - 108° = 72°$입니다.
①+②+……+⑨+⑩=$72° \times 5 = 360°$이고 정
오각형의 다섯 각의 크기의 합은 $108° \times 5 = 540°$이
므로 ㉠+㉡+㉢+㉣+㉤=$540° - 360° = 180°$
입니다.

참고

정오각형의 다섯 각의 크기의 합은 삼각형
3개의 세 각의 크기의 합과 같으므로
$180° \times 3 = 540°$입니다.
➡ (정오각형의 한 각의 크기)
    $= 540° \div 5 = 108°$

4 정육각형에서 대각선 ㄱㄷ과 길이가
같은 대각선은 오른쪽과 같이 6개입
니다. ➡ $7 \times 6 = 42$ (cm)
정육각형에서 길이가 8 cm인 대
각선은 오른쪽과 같이 3개입니다.
➡ $8 \times 3 = 24$ (cm)
따라서 $42 + 24 = 66$이므로 정육각형에 그을 수 있
는 모든 대각선의 길이의 합은 약 66 cm입니다.

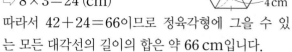

5 주어진 모양을 빨간색 조각으로만 덮
으면 오른쪽과 같습니다.
➡ 빨간색 조각 1개의 크기는
    $15 \div 5 = 3$입니다.
칠교판 전체를 빨간색 조각으로 나누
면 오른쪽과 같이 16개로 나눠지므
로 칠교판 전체의 크기는
$3 \times 16 = 48$입니다.

6 정오각형이 12개이므로 변은 $5 \times 12 = 60$(개), 정육
각형이 20개이므로 변은 $6 \times 20 = 120$(개)입니다.
모든 조각의 변의 수의 합은 $60 + 120 = 180$(개)이
고 각 변은 두 개씩 맞닿아 있으므로 테이프를 붙일
곳은 모두 $180 \div 2 = 90$(군데)입니다.
따라서 축구공을 만드는 데 필요한 테이프의 길이는
$6 \times 90 = 540$ (cm)입니다.

고수 단원평가문제

124～128쪽

1 7개 **2** ㉡, ㉢
3 예

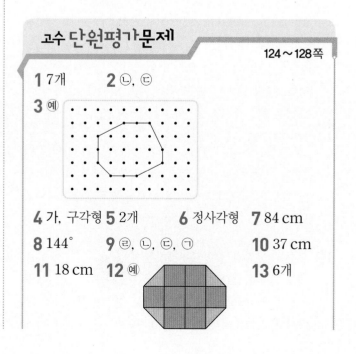

4 가, 구각형 **5** 2개 **6** 정사각형 **7** 84 cm
8 144° **9** ㉣, ㉡, ㉢, ㉠ **10** 37 cm
11 18 cm **12** 예 **13** 6개

14 6개　　**15** 예

16 ㉢　　**17** 20°　　**18** 156 cm

19 기호 ❶ 나, 라 이유 예 ❷ 나: 다각형은 선분으로만 둘러싸인 도형인데 곡선 부분이 있으므로 다각형이 아닙니다. ❸ 라: 다각형은 선분으로 둘러싸여 있어야 하는데 둘러싸여 있지 않기 때문에 다각형이 아닙니다.

20 풀이 ❶ 울타리는 길이가 같은 변 8개로 이루어진 모양입니다. ❷ 울타리가 96 m이므로 밭 한 변의 길이는 96÷8＝12 (m)입니다. 답 12 m

21 풀이 ❶ 변이 48÷6＝8(개)이므로 정팔각형입니다. ❷ 팔각형의 꼭짓점은 8개이므로 모든 꼭짓점에서 그을 수 있는 대각선은 5×8＝40(개)입니다. 8개의 꼭짓점에서 그은 대각선은 각각 두 번씩 센 것이므로 팔각형에 그을 수 있는 대각선은 모두 40÷2＝20(개)입니다. 답 20개

22 답 ❶ 정오각형 모양으로는 바닥을 채울 수 없습니다. 이유 예 ❷ 바닥을 빈틈없이 채우려면 한 꼭짓점에 정다각형을 모았을 때 모인 각의 크기가 360°가 될 수 있어야 합니다. 정오각형의 한 각의 크기는 108°이고, 정오각형을 한 꼭짓점을 중심으로 3개 붙이면 108°×3＝324°, 4개 붙이면 108°×4＝432°이므로 360°가 되지 않기 때문입니다.

23 풀이 ❶ 직사각형의 두 대각선의 길이는 같고 한 대각선이 다른 대각선을 똑같이 반으로 나누므로 (선분 ㄱㄷ)＝(선분 ㄴㄹ)＝22 cm, (선분 ㅇㄱ)＝(선분 ㅇㄴ)＝(선분 ㅇㄷ) ＝(선분 ㅇㄹ)＝11 cm입니다. ❷ 직사각형의 마주 보는 두 변의 길이는 같으므로 (변 ㄷㄹ)＝(변 ㄱㄴ)＝9 cm입니다. ❸ 따라서 삼각형 ㅇㄷㄹ의 세 변의 길이의 합은 9＋11＋11＝31 (cm)입니다. 답 31 cm

1 그림에서 선분으로만 둘러싸인 도형을 찾으면 삼각형 2개, 사각형 3개, 오각형 1개, 육각형 1개이므로 모두 7개입니다.

2 정오각형과 정육각형을 찾을 수 있습니다.

3 팔각형은 변이 8개이므로 변이 8개인 다각형을 그립니다.

4 가: 변이 9개인 구각형입니다.
나: 변이 7개인 칠각형입니다.
다: 변이 8개인 팔각형입니다.

5 대각선은 이웃하지 않는 꼭짓점끼리 이은 선분입니다. 따라서 대각선은 선분 ㄷㅇ, 선분 ㅅㅈ으로 모두 2개입니다.

6 정사각형은 두 대각선의 길이가 같고 서로 수직입니다.

7 만든 도형은 변이 7개이므로 정칠각형입니다.
따라서 만든 도형의 모든 변의 길이의 합은 12×7＝84 (cm)입니다.

8 정십각형은 각이 10개이고 모든 각의 크기가 같으므로 한 각의 크기는 1440°÷10＝144°입니다.

9 꼭짓점이 많을수록 대각선이 많으므로 대각선의 수가 많은 것부터 차례로 기호를 쓰면 ㉣, ㉡, ㉢, ㉠입니다.

참고

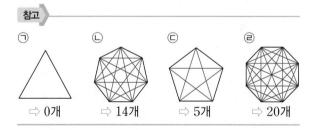

㉠　　　　㉡　　　　㉢　　　　㉣
⇨ 0개　⇨ 14개　⇨ 5개　⇨ 20개

10 평행사변형은 마주 보는 변끼리 길이가 서로 같고, 한 대각선이 다른 대각선을 반으로 나누므로 (선분 ㄴㄹ)＝8×2＝16 (cm)입니다.
따라서 삼각형 ㄴㄷㄹ의 세 변의 길이의 합은 13＋8＋16＝37 (cm)입니다.

11 정삼각형은 세 변의 길이가 같으므로 한 변의 길이는 9÷3＝3 (cm)입니다.
정삼각형의 한 변의 길이와 정육각형의 한 변의 길이는 같으므로 정육각형의 한 변의 길이도 3 cm입니다.
따라서 정육각형의 모든 변의 길이의 합은 3×6＝18 (cm)입니다.

12 여러 가지 방법으로 팔각형을 채울 수 있습니다.

13  ⇨ 6개

14 모양 조각을 이용하여 만들면 오른쪽 그 림과 같으므로 모양 조각은 적어도 6개 필요합니다.

15 라 조각부터 놓고, 직각 부분에 마 조각을 놓은 후 나 머지 조각을 놓습니다.

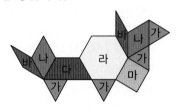

16 한 점을 중심으로 정다각형을 한 바퀴 돌려서 $360°$를 만들 수 있으면 테셀레이션을 만들 수 있습니다.
 ㉠ 정삼각형: 한 각의 크기가 $60°$
  ⇨ $60° \times 6 = 360°$ (○)
 ㉡ 정사각형: 한 각의 크기가 $90°$
  ⇨ $90° \times 4 = 360°$ (○)
 ㉢ 정오각형: 한 각의 크기가 $108°$
  ⇨ $108° \times 3 = 324°$ (×),
   $108° \times 4 = 432°$ (×)
 ㉣ 정육각형: 한 각의 크기가 $120°$
  ⇨ $120° \times 3 = 360°$ (○)
 따라서 하나의 정다각형으로 테셀레이션을 만들 수 없는 것은 ㉢입니다.

17 직사각형의 두 대각선은 길이가 같고, 한 대각선이 다른 대각선을 반으로 나누므로 삼각형 ㄱㄴㅇ은 이등변삼각형입니다.
 (각 ㄴㄱㅇ)+(각 ㄱㄴㅇ)$=180° - 40° = 140°$
 (각 ㄴㄱㅇ)=(각 ㄱㄴㅇ)$=140° \div 2 = 70°$
 (각 ㄹㄱㅇ)$=90° - 70° = 20°$
 삼각형 ㄱㅇㄹ은 (선분 ㄱㅇ)=(선분 ㄹㅇ)이므로 이등변삼각형입니다.
 따라서 (각 ㄱㄹㄴ)=(각 ㄹㄱㅇ)$=20°$입니다.

18 정다각형의 꼭짓점을 □개라 하면 정다각형의 한 꼭짓점에서 그을 수 있는 대각선은 (□-3)개입니다.
 ⇨ □$-3=9$, □$=12$에서 정십이각형입니다.
 따라서 정십이각형의 모든 변의 길이의 합은
 $13 \times 12 = 156$ (cm)입니다.

19 【평가상의 유의점】 다각형의 의미를 알고 다각형이 아닌 이유를 설명했는지 확인합니다.

단계	채점 기준	점수
❶	다각형이 아닌 도형 찾기	1점
❷	나 도형이 다각형이 아닌 이유 쓰기	2점
❸	라 도형이 다각형이 아닌 이유 쓰기	2점

20 【평가상의 유의점】 울타리의 길이와 한 변의 길이의 관계를 찾아 밭 한 변의 길이를 구했는지 확인합니다.

단계	채점 기준	점수
❶	울타리의 길이와 정오각형의 한 변의 길이의 관계 알아보기	2점
❷	밭 한 변의 길이 구하기	3점

21 【평가상의 유의점】 어떤 도형인지 구한 다음 그 도형에 그을 수 있는 대각선의 수를 구했는지 확인합니다.

단계	채점 기준	점수
❶	변의 수를 구하여 어떤 도형인지 알아보기	2점
❷	도형에 그을 수 있는 대각선의 수 구하기	3점

22 【평가상의 유의점】 바닥을 빈틈없이 채우려면 한 점을 중심으로 모인 각의 크기가 $360°$이어야 함을 이용하여 해결했는지 확인합니다.

단계	채점 기준	점수
❶	정오각형으로 바닥을 채울 수 있는지 없는지 쓰기	1점
❷	정오각형으로 바닥을 채울 수 없는 이유 쓰기	4점

23 【평가상의 유의점】 직사각형의 대각선의 성질을 이용하여 삼각형 ㅇㄷㄹ의 세 변의 길이의 합을 구했는지 확인합니다.

단계	채점 기준	점수
❶	선분 ㅇㄷ, 선분 ㅇㄹ의 길이 구하기	2점
❷	선분 ㄷㄹ의 길이 구하기	1점
❸	삼각형 ㅇㄷㄹ의 세 변의 길이의 합 구하기	2점

MEMO

MEMO

수학의 고수

정답과 해설